面向"十二五"高职高专规划教材
国家骨干高职院校建设项目课程改革研究成果

电力企业文化

DIANLI QIYE
WENHUA

主　编　刘建英　贺　敬
副主编　盛　非　王晓蓉　孟建平
主　审　李竟达　齐建军

北京理工大学出版社
BEIJING INSTITUTE OF TECHNOLOGY PRESS

版权专有　侵权必究

图书在版编目（CIP）数据

电力企业文化 / 刘建英，贺敬主编. —北京：北京理工大学出版社，2014.7
（2014.8重印）
ISBN 978-7-5640-8926-9

Ⅰ.①电…　Ⅱ.①刘…②贺…　Ⅲ.①电力工业—工业企业—企业文化　Ⅳ.①F416.61

中国版本图书馆CIP数据核字（2014）第038354号

出版发行 /	北京理工大学出版社有限责任公司
社　　址 /	北京市海淀区中关村南大街5号
邮　　编 /	100081
电　　话 /	（010）68914775（总编室）
	82562903（教材售后服务热线）
	68948351（其他图书服务热线）
网　　址 /	http://www.bitpress.com.cn
经　　销 /	全国各地新华书店
印　　刷 /	北京富达印务有限公司
开　　本 /	710毫米×1000毫米　1/16
印　　张 /	11.25	责任编辑 / 张慧峰
字　　数 /	187千字	文案编辑 / 张慧峰
版　　次 /	2014年7月第1版　2014年8月第2次印刷	责任校对 / 孟祥敬
定　　价 /	22.00元	责任印制 / 王美丽

图书出现印装质量问题，请拨打售后服务热线，本社负责调换

内蒙古机电职业技术学院
国家骨干高职院校建设项目"电力系统自动化技术专业"
教材编辑委员会

主　任	白陪珠	内蒙古自治区经济和信息化委员会　副主任	
		内蒙古机电职业技术学院校企合作发展理事会　理事长	
	张美清	内蒙古机电职业技术学院　院长	
		内蒙古机电职业技术学院校企合作发展理事会　常务副理事长	
副主任	张　德	内蒙古自治区经济和信息化委员会电力处　处长	
		校企合作发展理事会电力分会　理事长	
	张　鹏	内蒙古电力科学研究院高压所　所长	
	林兆明	内蒙古京隆发电有限责任公司　纪委书记	
	王大平	内蒙古电力学校　校长	
	张　华	包头市供电局550kV变电管理处　副处长	
	刘利平	内蒙古神华亿利能源有限公司　总经理	
	接建鹏	内蒙古电力科学研究院计划部　副部长	
	孙喜平	内蒙古机电职业技术学院　副院长	
		内蒙古机电职业技术学院校企合作发展理事会　秘书长	
委　员	董学斌		包头供电局高新变电站
	陈立平	杨秀林	内蒙古神华亿利能源有限公司
	刘鹏飞	赵建利	内蒙古电力科学研究院
	李俊勇		内蒙古国电能源投资有限公司准大发电厂
	邢笑岩	李尚宏　齐建军	内蒙古京隆发电有限责任公司
	马海江		鄂尔多斯电力冶金股份有限公司
	王靖宇		内蒙古永胜域500kV变电站
	毛爱英		中电投蒙东能源集团公司——通辽发电总厂
	吴　岩		内蒙古霍煤鸿俊铝电有限责任公司
	徐正清		中国电力科学研究院
	王金旺	刘建英	内蒙古机电职业技术学院
秘　书	李炳泉		北京理工大学出版社

序 PROLOGUE

从 20 世纪 80 年代至今的三十多年，我国的经济发展取得了令世界惊奇和赞叹的巨大成就。在这三十多年里，中国高等职业教育经历了曲曲折折、起起伏伏的不平凡的发展历程。从高等教育的辅助和配角地位，逐渐成为高等教育的重要组成部分，成为实现中国高等教育大众化的生力军，成为培养中国经济发展、产业升级换代迫切需要的高素质高级技能型专门人才的主力军，成为中国高等教育发展不可替代的半壁江山，在中国高等教育和经济社会发展中扮演着越来越重要的角色，发挥着越来越重要的作用。

为了推动高等职业教育的现代化进程，2010 年，教育部、财政部在国家示范高职院校建设的基础上，新增 100 所骨干高职院校建设计划（《教育部 财政部在关于进一步推进"国家示范性高等职业院校建设计划"实施工作的通知》教高［2010］8 号）。我院抢抓机遇，迎难而上，经过申报选拔，被教育部、财政部批准为全国百所"国家示范性高等职业院校建设计划"骨干高职院校立项建设单位之一，其中机电一体化技术（能源方向）、电力系统自动化技术、电厂热能动力装置、冶金技术 4 个专业为中央财政支持建设的重点专业，机械制造与自动化、水利水电建筑工程、汽车电子技术 3 个专业为地方财政支持建设的重点专业。

经过三年的建设与发展，我院校企合作体制机制得到创新，专业建设和课程改革得到加强，人才培养模式不断完善，人才培养质量得到提高，学院主动适应区域经济发展的能力不断提升，呈现出蓬勃发展的良好局面。建设期间，成立了由政府有关部门、企业和学院参加的校企合作发展理事会和二级专业分会，构建了"理事会——二级专业分会——校企合作工作站"的运行组织体系，形成了学院与企业人才共育、过程共管、成果共享、责任共担的紧密型合作办学体制机制。各专业积极与企业合作，适应内蒙古自治区产业结构升级需要，建立与市场需求联动的专业优化调整机制，及时调整了部分专业结构；同时与企业合作开发课程，改革课程体系和教学内容；与企业技术人员合作编写教材，编写了一大批与企业生产实际紧密结合的教材和讲义。这些教材、讲义在教学实践中，受到老师和学生的好评，普遍认为理论适度，案例充实，应用性强。随着教学的不断深入，经过多位老师的精心修改和进一步整理，汇编成册，付梓出版。相信这些汇聚了一线教学、工程技术人员心血的教材的出版和推广应用，一定会对高职人才的培养起到积极的作用。

在本套教材出版之际，感谢辛勤工作的所有参编人员和各位专家！

内蒙古机电职业技术学院院长

前言

企业文化作为社会文化的一个子系统，是企业在日常生产和管理过程中形成的具有自身特征的经营哲学，是指导企业生产和经营的准则和观念体系。在当今社会科技发展迅猛、产品更新换代加快、市场竞争日渐激烈的背景下，企业的市场地位是由其自身整体实力决定的，而企业文化则集中反映了企业的整体价值理念，为企业始终处于竞争的有利地位，不断提升市场竞争力发挥着重要作用。

当今，市场竞争已经渗透到企业的文化层面，而文化层面的竞争是更高层面的竞争，所以建设和发展企业文化已经被许多具有远见的管理者列为重要的企业发展战略。作为国有重要大型企业，电力企业在国民经济中处于十分重要的位置。面对挑战和良好的发展机遇，为实现可持续发展，电力企业正在构建优秀的企业文化。

自 2002 年体制改革之后，中国电力开始了公司化运营的新阶段。新组建的各公司在深化改革加快发展的过程中，重视电力企业文化的整合和建设，使企业文化在传统文化的基础上又注入新的活力，并逐步呈现出丰富多彩的既反映行业特色，又极具各公司不同理念、内涵和特质的电力企业文化。

本书通过对企业文化的内涵及企业文化建设和发展的分析，结合电力企业文化现象的产生、发展及对现状的透视，重点介绍了新时期电力企业文化的内容和文化氛围，希望学生能够适应电力环境，自觉地融入电力企业文化中，与企业同发展、共进步，从而养成优秀的职业素质。

本书共四个模块，模块一为企业文化，主要介绍企业文化的基础知识；模块二、三、四为本书的重点，着重介绍新时期电力企业文化建设以及电力安全生产。本书由内蒙古机电职业技术学院刘建英、贺敬主编，盛非、王晓蓉、孟建平任副主编，其中王晓蓉编写模块一，刘建英编写模块二，盛非编写模块三，贺敬和孟建平编写模块四。

内蒙古机电职业技术学院李竞达和内蒙古京隆发电有限责任公司齐建军对本书进行了审定工作，在此对他们的辛勤付出表示衷心的感谢。同时，本书也参考了许多专家、学者的著作和一些重要的文献，在此一并致以诚挚的谢意。

由于作者水平有限，且时间仓促，书中难免存在错误与不妥之处，恳请读者批评指正。

编　者

目 录
CONTENTS

模块一　企业文化 ·· 1
　　单元一　企业文化概述 ·· 2
　　单元二　企业文化的模式塑造 ·· 7
　　单元三　企业文化对企业发展的作用 ·· 13

模块二　电力企业文化 ·· 25
　　单元一　电力企业文化概述 ··· 25
　　单元二　电力企业文化建设的原则 ··· 26
　　单元三　电力企业文化建设的方法 ··· 27
　　单元四　电力企业文化建设的意义 ··· 30
　　单元五　中国大唐集团公司同心文化 ·· 31

模块三　电力企业文化建设的内容 ·· 49
　　单元一　电力企业形象建设 ··· 49
　　单元二　电力企业道德风尚建设 ··· 52
　　单元三　电力企业行为文化建设 ··· 57
　　单元四　电力企业标准化体系建设 ··· 91

模块四　电力企业安全意识的建立与培训 ·· 99
　　单元一　安全文化概述 ··· 100
　　单元二　安全生产准则和规范 ··· 104

单元三　安全制度建设……………………………………………… 120
　　单元四　安全常识…………………………………………………… 133
附　录　国家电网公司企业文化手册……………………………………… 141
习　题………………………………………………………………………… 151
参考文献……………………………………………………………………… 165

模块一

企业文化

20世纪80年代，麦肯锡公司、美国兰德公司和其他一些国际管理公司的众多专家以世界上发展最快的30家公司为研究对象，共同完成了一本名为《企业文化——现代企业的精神支柱》的著作。在这本著作中，众多的专家得出了这样一个结论——世界500强企业胜过其他企业的法宝就是：它们能够主动为企业文化注入活力，这也是世界500强企业长盛不衰的根基。所以，未来企业间的竞争，从根本上说是企业文化之间的竞争。不论是科技制造企业，还是销售类和医药类企业，它们都必须具有显示自己特点的企业文化。华为公司的企业家从企业创立那天开始，就以其独特的见识注重培育华为的企业文化，并将这种独特的文化融入企业的经营管理之中。文化与管理的关系犹如土壤与庄稼的关系，正如任正非提出的："文化为华为公司的发展提供土壤，文化的使命是使土壤更肥沃、更疏松，管理是种庄稼，其使命是多打粮食。"

然而，与华为公司形成鲜明对比的是，很多企业失败的原因就是没有具有特色且积极的企业文化。如果说一个企业在创业初期最缺乏的是资金，那么其在日后的发展和壮大过程中最需要的就是企业文化。所以企业文化建设是企业自身内部建设和长远发展的重要内容，同时企业文化也是企业不断进取的强大动力。品牌需要文化来创立，形象需要文化来树立，精神需要文化来传承，发展需要文化来推动，因此，电力企业要想在激烈的市场竞争中取得优势地位，企业的管理层必须充分认识到企业文化建设的重要作用。

文化建设是理性改良和感性突破的结合，是一种平衡。文化建设本质上是价值观的革命，但实践中却需要理性改良，一步步耐心地牵引；文化建设本质上拒绝浮躁，但实践中也需要感性突破，用绚丽的表象点燃所有人的激情。所谓理性改良，意味着要通过各种制度来安排和组织建设，搭建员工事业平台；所谓感性突破，意味着应该通过或激动或温暖人心的各种活动，高速进入一种文化的氛围。企业应通过感性呼唤和理性给予，建立起对文化的信心，从而完成对自我的革新，两者缺一不可。

文化建设是一场长期的运动，也是组织最深邃的变革。文化建设的核心是价值观的统一。整个文化实施的过程，是组织成员自我反省、自我超越的过程，是对自身思想深处价值观的检讨过程，是对自身惯性思维方式、行为方式的反思、改进过程。人是倾向于维持均衡状态的，文化的变革与演进需要外界压力提供强大的动力，并使组织及其成员变革的动力大于自身惯性的阻力。有智慧和毅力的组织终将意识到，文化建设投一报万，是最辛劳但也是最伟大的自我投资。

行胜于言，思想的跳跃是为了行动的飞跃。文化建设只有和行动统一起来才有意义，因为文化理念的落地生根远远重于其表述形式。一个组织的文化之所以伟大，不在于这个组织提出了多少响亮的口号，而在于这个组织是否长期坚持了一些基本的价值观，并把这些价值观渗透到整个组织当中，形成组织成员共同的心理契约，从而自然而然地规范成员的言行。

单元一　企业文化概述

一、文化的基本概念

"文化"一词来源于古拉丁文 culture，本意是"耕作""培养""教习""开化"的意思。在中国，最早把"文"和"化"这两个字联系起来的是《易经》中的"观乎人文，以化成天下"，意思是说，圣人在考察人类社会文明的基础上，对其中优秀的部分加以总结和提炼，以用来教化民心，治理社会。

《辞海》对"文化"的定义有三个方面：第一方面，广义上是指人类在社会实践中所获得的物质精神的生产能力和创造的物质精神财富的总和；第二方面，狭义上是指精神生产能力和精神产品，包括一切社会意识形态和形式、自然科学、技术科学，有时也专指教育科学、文学艺术、卫生体育等方面的知识；第三方面，泛指一般的知识，包括语文知识和文化理论。

一般，人们对文化有广义和狭义两种理解。

广义的文化：指人类在社会历史发展过程中，所创造的物质文明和精神文明的总和，即包括了物质文化和精神文化两个方面。

狭义的文化：指一种群体意识形态的文化，即精神文化，它指的是群体的意识、思维活动和心理状态。

文化不仅作用于人类改造自然和社会的实践活动，推动社会历史的发展，同时人类文化又随着社会历史的发展，形成了各种类别、各种形式、各具特色的文化模式。

二、企业文化的形成

企业文化形成的宏观环境因素主要有以下四个方面：

（1）科学技术的不断发展对企业产生了巨大影响，使企业的管理思想、管理组织、管理手段、管理行为以及管理人员构成等都发生了巨大的变化，尤其是管理价值观的变化。

（2）市场竞争的不断加剧。在所有的竞争中，技术和人的竞争最为突出，而在技术和人竞争背后的仍然是知识的竞争，因为知识是基础。

（3）企业要立足于特定的社会环境，树立良好的形象，努力回报社会，就必须准确地识别和研究人文环境的各种影响和作用，而这些也正是企业文化要回答的问题。

（4）从我国社会主义初级阶段和市场经济这两个最本质的背景特征来看，一个反映国情基础，一个反映经济环境，我国企业文化的建设就是要充分体现这两个特征的规范，并通过认识和利用这两个特征所反映的规律对企业发展的意义，来促进企业的发展。

三、企业文化及其主要特征

（一）企业文化的定义

企业文化（又称公司文化），这个词出现于20世纪80年代初，企业文化如同文化一样，到目前为止，国内外尚无统一定义。

从西方国家对企业文化的定义来看，主要有以下两种定义：

（1）美国学者John Kotter和James Hess Cote认为：企业文化是企业内部的全体部门，至少是企业的高层管理人员共同拥有的价值观念和共同从事经营的实践，是企业内部一个分部的全体职能部门或地理位置分散的各个部门所拥有的共同的文化现象。

（2）Kennedy将企业文化定义为：企业文化是由英雄形象、价值观念、企业的外部环境、风俗、习惯、礼仪、思维惯性、人际网络等众多因素形成的系统。

而国内众多管理专家普遍认为：企业文化是一种高层次的、抽象的、崭新的现代管理理论，企业要想在竞争中处于不败之地，走出一条稳定、快捷、高效、协调且充满活力的路子，就必须重视和发展企业文化。

企业文化是组织在长期的实践活动中所形成的，并且为组织成员普遍认可和遵循的具有本组织特色的价值观念、团体意识、工作作风、行为规范和思维方式的总和，是企业在长期的经营过程中逐步形成与发展的、带有企业独有特征的价值观念和思维方式以及其外化的企业行为规范的有机统一。

（二）企业文化的特征

1. 社会性

企业作为从事经济活动的社会细胞，它需要直接或间接地依赖其他企业和单位的协作配合，企业文化正是通过这种社会协作，才得以继承和发展。

2. 继承性

每个组织都需要通过文化的积累和继承，把过去、现在和将来联结起来，并同时把这种组织精神灌输给一代又一代。但组织在继承过程中，要注意加以选择。

3. 创新性

随着科学技术的发展，组织都会产生一种追求更高的、更好的物质文化和精神文化的冲动，这就需要创新。

4. 融合性

每一个组织都是在特定的文化背景下形成的，所以必然会接受和继承这个国家和民族的文化传统和价值体系。企业文化的融合性除了表现为每个组织过去的优良文化与现代新文化的融合，还表现为本国与国外新文化的发展融合。

四、企业文化的组成

根据文化就是"反映人类创造的物质财富和精神财富的总和"这样一个基本定义，企业文化应由物质文化层、行为文化层、制度文化层和精神文化层构成。

1. 物质文化层

物质文化的定义：是企业文化的表层文化，是指组织（如企业）的物质基础、物质条件和物质手段等方面的总和。

物质文化的特点：看得见、摸得着，很直观。那么，为什么要把这些属于物质实体的东西作为文化来看待呢？这是因为不仅仪器设备、技术装备、工艺流程、操作手段等这些与企业生产直接相关的物质现象会体现企业的文化素质，而且厂区布局、建筑形态、工作环境等也会体现企业的文化素质。

2. 行为文化层

从层次上看：行为文化是企业文化的浅层部分，这是相对于表层的物质文化而言的。

从内容上看：行为文化既包括企业的生产行为、分配行为、交换行为和消费行为所反映的文化内涵与意义，同时也包括企业形象、企业风尚和企业礼仪等行为文化因素。

对企业来说，生产行为文化的建设是企业文化建设最重要、最基础的文化建设，因为生产行为的合理化、有效性会直接影响分配行为、交换行为和消费行为的有效性。

3. 制度文化层

制度文化层主要内容包括组织与领导制度、工艺与工作管理制度、职工管理制度、分配管理制度等方面。应该说，不同的文化意识，就会有不同的制度建设思想。

4. 精神文化层

精神文化：是企业文化的核心和主体，是广大员工共同而潜在的意识形态，包括管理哲学、敬业精神、人本主义的价值观念、道德观念，等等。精神则是指在企业价值观念的基础上所形成的一种群体意识和精神状态。

精神文化层是企业文化结构中的核心层次，作为深层文化，它是相对于中层的制度文化、浅层的行为文化和表层的物质文化而言的。

五、企业文化的功能

企业文化主要包括以下六个功能（见图1-1）：

1. 整合功能

企业文化通过培育组织成员的认同感和归属感，建立成员与组织之间的相互信任和依存关系，从而使个人的行为、思想、感情、信念、习惯以及沟通方式与整个组织有机地结合在一起，并形成相对稳固的文化氛围，凝聚成一种无形的合力,以此激发出组织成员的主观能动性,为实现组织的共同目标而努力。

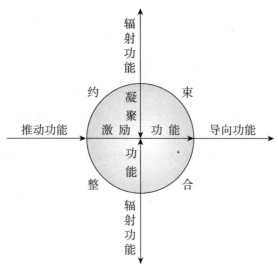

图1-1 企业文化"六功能"模型

2. 推动功能

推动功能是指通过企业文化管理使企业摆脱困境,走出低谷,持续健康发展,不断提升企业的市场竞争力。

3. 凝聚功能

凝聚功能是指企业文化从各方面把企业成员聚合起来,产生一种巨大的向心力和凝聚力。它主要通过亲密感情、共同价值观和共同目标来强化企业的凝聚力。

4. 辐射功能

辐射功能是指企业文化不仅对企业内部发挥作用,还通过各种渠道对企业外部产生影响。企业文化的辐射渠道主要是理念辐射、产品辐射、人员辐射和媒体辐射。

5. 激励功能

激励功能是指企业文化能够激发成员工作动机和潜能,使其从内心产生一种高昂激越的斗志和奋发向上的精神。

6. 约束功能

约束功能是指企业文化对企业成员的思想和行为具有约束和规范作用。

企业制度是企业的硬约束，企业文化是企业的软约束，企业文化的约束可以有效弥补企业制度约束的不足。

六、企业文化的作用

1. 激励作用

企业文化的激励作用是综合发挥目标激励、领导行为激励、竞争激励、奖惩激励等多种激励手段的功能。

2. 导向作用

企业文化在很大程度上决定着组织成员的价值取向，确定着组织成员的共同目标。

3. 规范作用

企业文化的一个重要特征就是根据组织整体利益的需要，提供一整套行为准则，通过一系列的行为准则来规范组织全体成员的行为。

4. 凝聚作用

企业文化能够培育成员的组织共同体意识，并告诉成员，组织的利益、形象和前途与成员有着密切的联系。

5. 稳定作用

企业文化具有相对稳定性。企业文化一旦形成模式后，就具有很强的稳定作用。

单元二　企业文化的模式塑造

一、企业文化的内容

1. 企业价值观

企业价值观是指企业在追求经营成功过程中所推崇的基本信念和奉行的目标。它是企业全体或多数员工一致赞同的关于企业意义的终极判断，是一种企业人格化的产物。企业价值观作为企业成员的共同信念，为企业生存和发展提供了基本的方向和行动指南。

2. 企业精神

企业精神是企业在独立经营和长期发展过程中，在继承企业优良传统的基础上，适应时代的要求，由企业家积极倡导、全体职工自觉实践而形成的代表企业信念、推动企业生产经营的规范化和信念化了的群体意识，它包括企业的个性精神、团体精神、现代意识和自觉的群体意识，通过厂歌、厂训、厂规、厂徽等形式形象地表现出来。

3. 企业形象

企业形象是反映企业文化个性的外在表现。电力企业的形象应体现对国家、对社会强烈的责任感、"人民电业为人民"的负责精神；体现优良的电力质量、服务质量；正确处理国家、集体和个人三者利益关系，收费合理；作风严谨朴实、内部团结等。

4. 企业文化网络

企业文化网络是指企业中非建制型的信息传播渠道，常常与非正式组织相互联系在一起。从企业岗位责任制来看，每个人都只能在一个岗位上扮演一个角色。但同时，几乎所有的人又都在扮演着另一个或几个角色，如传播小道消息、小集团成员等。它独立于企业正式建制之外，不分地位、工作特点，把企业中的各种人员联系在一起，影响着企业的各种决策和协调。

5. 企业习俗、礼仪

企业习俗、礼仪是企业有系统、有计划的日常例行事务，其实质是要培植基于尊重人、关心人、爱护人的行为准则，追求更深层次的价值观，赋予企业内部浓厚的人情味，使企业与职工之间、企业与公众之间充满友情。它是企业文化的重要组成部分。

二、企业文化的结构

企业文化的结构形成企业文化的整体模型，它是一个有机的系统，这个系统是由企业文化自身的组成部分在时间上的顺序、地位的主次及组合的方式共同形成的。对企业文化结构的划分，管理学界有以下几种看法。

1. 麦肯锡 7S 模型

麦肯锡 7S 模型最初是为了帮助管理者更加全面地思考如何有效地组织一个公司而提出来的，模型的七个要素分别是：共同价值观、战略、结构、制度、技能、人员、风格。而这七个要素又可分为两大类：一类是"硬性"要素，即战略、结构和制度；一类是"软性"要素，即共同价值观、技能、人员和风格，其中共同价值观是整个模型的核心。

2. 五因素说

五因素说是由特雷斯和艾兰·肯尼迪在《企业文化》一书中提出的观点，他们提出的关于企业文化的五个因素分别是：企业环境、价值观、英雄、习俗仪式、文化网络，其中价值观处于五个因素中的核心位置。

3. 三层次论

三层次论由爱德加·沙因提出，他指出企业文化由表面层、应然层、突然层组成，突然层处于最里部，是组织处理外界环境变化的方式。

4. 四层面论

中国管理科学院院士刘光明在《企业文化》一书中，将企业文化的构成分成了四个层面，分别是物质层、制度层、行为层、精神层，其中精神层是核心层面。

由以上的分析可以看出，管理学家从不同的角度对企业文化的构成进行了划分，所以一般认为，企业文化由三个部分组成，分别是核心部分、媒介部分和表现部分，其中核心部分是企业文化的根本，具有抽象的内涵。全体组织成员共同的信念、判断是非的标准及行为准则等则构成了企业核心部分的价值观，它指导企业的愿景、使命、目标和战略这一媒介部分的形成；媒介部分是核心部分得以实现的介质；表现部分则是企业文化的表象，是人们观察一个企业时能够看到的外在的东西。表现部分的一些企业行为方式是通过企业文化价值观和媒介精神展现出来的。企业文化结构图如图1-2所示。

三、企业文化的管理层次

企业文化可以分为三个层次，从里向外依次是理念文化、制度文化和行为文化、物质文化，如图1-3所示。

（1）理念文化：也就是价值观，是企业文化的管理核心，处于最里层，指引着其他层次。企业文化管理在这一层的落实称为内化于心。

（2）行为文化：处于企业文化第二层，把理念文化转变为企业成员的行为规范就变成了行为文化。企业文化管理在这一层的落实称为外化于行。

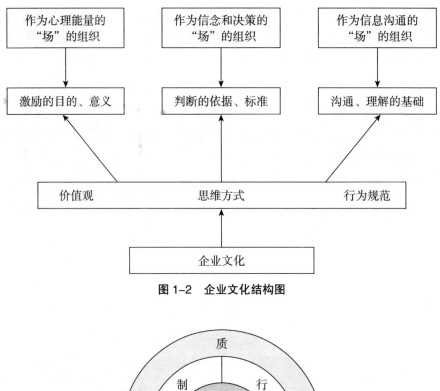

图 1-2 企业文化结构图

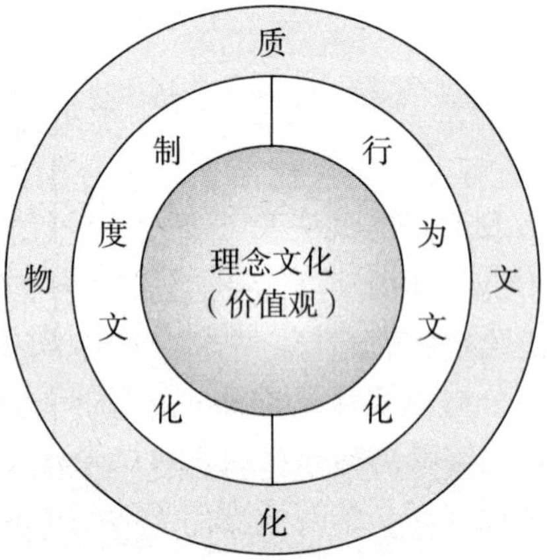

图 1-3 企业文化的管理层次

(3) 制度文化:也处于企业文化第二层,把理念文化融入企业制度中就变成了制度文化。企业文化管理在这一层的落实称为固化于制。制度文化与行为文化对立统一,都受到价值观的影响。当价值观真正影响到制度文化和行为文化时,制度文化与行为文化是统一的,反之就是对立的。

(4) 物质文化:处于企业文化最外层,是价值观的最直接体现。企业文化管理在这一层的落实称为显化于物。

四、企业文化的塑造

(一)企业文化塑造的基本原则

塑造企业文化有以下几个原则:
(1)企业文化建设要坚持目标原则。
(2)企业文化建设要坚持主体原则。
(3)企业文化建设要坚持价值原则。
(4)企业文化建设要坚持创新原则。
(5)企业文化建设要坚持职工参与原则。
(6)企业文化建设要坚持点面结合原则。

在明确企业文化塑造原则的基础上,就可以构建完整的企业文化蓝图——"企业文化树",如图1-4所示。

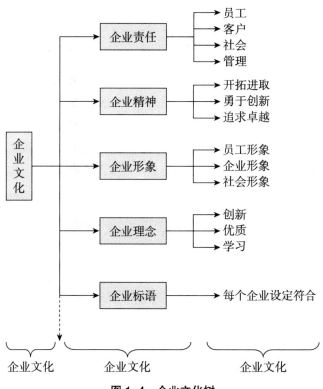

图1-4　企业文化树

"企业文化树"是构成企业文化的枝干结构图。它的核心是企业文化,但它的组成要素则是由其他东西构成,即企业责任、企业精神、企业形象、企业理念、企业标语等。这些是企业文化的主要内容,要建立这些主要内容,则要进一步考察构成这些内容的更细微的组成元素。例如,构成企业责任的元素有:对员工的责任,对客户的责任,对社会的责任以及对于管理层自身的责任。在分析这些责任时要考察具体的环境。比如电力行业企业对于员工在工资、福利、激励以及成就感方面要重新定位企业责任,认真分析、落实对员工的承诺。同理,企业这种负责任的承诺会极大地刺激员工的积极性,提高客户的满意度、社会的认可度以及管理的协调性,可大大地提高运营效率,减少企业的管理成本。

运用此种方法构建的企业文化,具有明确性和实际可操作性。一种良好的企业文化具备学习和自我更新的特点,而这种企业文化则是每个企业应该努力追求的文化氛围。因为只有在这种文化氛围的支配下,一个企业才能快速适应现代瞬息万变的商业社会,在产业升级和技术更新的市场中高屋建瓴地走出先手,抢占行业的战略高点。

(二)企业文化的塑造途径

企业文化的塑造有以下几种途径:
(1)诊断——总结现有企业文化状况。
(2)定格——确立企业价值观及整个企业文化体系。
(3)强化——大力推进企业文化建设。
(4)调整——积极完善企业文化体系。
(5)发展——实现企业生产、经营的突破。

五、企业文化的模式

(一)自发的企业文化和自觉的企业文化

1)自发的企业文化
自发的企业文化是指企业在形成企业文化管理时,处在企业经营自然状态、自发状态之中,并非事先经过周密策划,而是随企业经营历史的演进而形成的企业文化。

2)自觉的企业文化
自觉的企业文化是指在企业和企业家强烈的自觉意识下培育和推行的企

业文化。自觉的企业文化具有系统性、整合性、持久性、超越性和强烈的功效性等特征。

（二）主流企业文化和支流企业文化

1）主流企业文化

主流企业文化由企业经营的核心价值观、基本假设和基本行为模式组成，它在企业中被大多数员工自觉地或不自觉地认可，而与主流企业文化相对应的是支流企业文化。

主流企业文化主要包括以下几个特点：

（1）主流企业文化不一定是优良的企业文化。

（2）主流企业文化对支流企业文化起支配作用。

（3）主流企业文化往往和企业的创始人，或者企业领导者的基本假设和价值观念有很大关系。

（4）主流企业文化是可以改变的，即可以对主流企业文化实行改造重构。

2）支流企业文化

支流企业文化是指在企业文化大系统中不占支配地位的、只起影响作用或对企业某些局部起影响作用的文化。支流企业文化总是与主流企业文化并存。支流企业文化在一定条件下可以向主流企业文化转化。企业必须坚定不移地培育自觉、优良、强势的主流企业文化。在这种文化的支配下，企业的经营也会变得自觉、优良和形成强大发展势头，而这也正是企业追求的目标。

单元三　企业文化对企业发展的作用

一、良好的企业文化提高企业核心竞争力

最近研究显示，企业竞争力是指在竞争性市场中，一个企业所具有的能够持续地比其他企业更有效地向市场（消费者，包括生产性消费者）提供产品或服务，并获得盈利和自身发展的综合素质（国内竞争力研究专家金碚的观点）。

著名的兰德公司经过长时间研究发现，企业竞争力可分为三个层面：第一是产品层，即企业产品生产及质量控制能力，企业的服务、成本控制、营销、研发能力；第二是制度层，即各经营管理要素组成的结构平台、企业内外环

境、资源关系、企业运行机制、企业规模、企业品牌、企业产权制度；第三是核心层，即以企业理念、企业价值观为核心的企业文化、内外一致的企业形象、企业创新能力、差异化个性化的企业特色、稳健的财务、卓越的远见和长远的全球化发展目标。第一层面是表层的竞争力；第二层面是支持平台的竞争力；第三层面是最核心的竞争力。从结论中我们可以看出，企业文化对企业增强竞争力具有重要作用。

企业文化对增强企业竞争力的作用具体表现为以下功能。

1. 凝聚功能

企业文化是企业的黏合剂，可把员工紧紧地团结在一起，使他们目标明确、协调一致。企业员工凝聚力的基础是企业根本目标。企业根本目标选择正确，就能够把企业的利益和绝大多数员工的利益统一起来，是集体和个人双赢的目标；否则的话，企业凝聚力的形成只能是一种幻想。以金健的企业文化为例，金健文化之所以能发挥使员工凝聚在一起的功能作用，关键在于金健文化背后的价值观。金健牛奶文化是"乘风破浪，勇往直前"，所体现的价值观是敢为人先，追求卓越。正是这种系统使全体金健人认同公司的目标，并把自己的人生追求与公司的目标相结合，帮助员工了解公司的政策；调节人与人之间、个人与团队之间、个人与公司之间的相互利益关系。从而形成对金健人的行为牵引和约束的文化。

2. 导向功能

导向包括价值与行为的导向。企业价值观与企业精神，能够为企业提供具有长远意义的和更大范围的正确方向，为企业在市场竞争中竞争战略和政策的制定提供依据。企业文化创新尤其是观念创新对企业的持续发展是起首要作用的。常德阳光乳液有限公司（金健牛奶）从2001年5月成立至今一直占据着省内低温奶的主导地位，其内在原因是企业持久的创新能力。该集团提出并实施了"追求卓越"的模式，随着市场的变化发展，该企业在经营活动中确立并有效贯彻了"阳光布德泽，乳品创新业"，以促进农业产品结构发展，改善人们生活饮食结构，国民强身健体为观念。在构成企业文化的诸多要素中，价值观念是决定企业文化特征的核心和基础，企业必须对此给予足够的重视并使之不断创新，与时俱进。

3. 激励功能

激励是一种精神力量和状态。企业文化所形成的企业内部的文化氛围和价值导向能够起到精神激励的作用，将职工的积极性、主动性和创造性调动与激发出来，把人们的潜在智慧诱发出来，使员工的能力得到充分发挥，提高各部门和员工的自主管理能力和自主经营能力。如中烟工业有限公司常德卷烟厂（常德芙蓉王）对员工设定了很高的任务目标，但是在业绩考核方面却不仅以是否实现了目标为标准，而将指标与去年同期比较，若没有完成指标，会充分考虑造成指标没有完成的原因，是环境因素还是个人问题。如果是个人问题，分析该员工与以前比较是否有较大的进步，并且以正面奖赏的形式对员工在成长的过程中遭遇挫折时进行鼓励。不像有些企业，员工一犯错误就对其进行惩罚，这样就有效地保护了员工的创新精神。因此常德芙蓉王的高指标不仅仅是一种考核标准，更是一种激励手段。

4. 约束功能

企业文化及企业精神为企业确立了正确的方向，对那些不利于企业长远发展的行为，常常发挥一种"软约束"的作用，为企业提供"免疫"功能。约束功能能够提高员工的自觉性、积极性、主动性和自我约束力，使员工明确工作意义和方法，提高员工的责任感和使命感。如2001年湖南阳光乳液股份有限公司成立之初，各部门内部工作流程及部门间相互协作均无现成的模式，在生产及经营过程中产生了大量问题。公司各部门仅按自己的业务范围制定规章制度，各辅助部门对生产支援工作缺乏积极主动的意识，员工对经营理念、生产及品质的管理缺乏完整的概念。2002年5月汪家琦博士加盟公司，这一加盟为实现公司管理水平、生产效率、产品品质的提高做出了突出的贡献。此后，又以品质改善为主题，在2003年公司产品成为第五届城市运动会的指定牛奶。同时公司也秉承知道、明道、悟道、修道、行道、传道的精髓。公司产品质量有了很大的提高，先后成为"绿色食品A级产品""中国学生营养日推荐产品"。

5. 塑造形象作用

优秀的企业文化向社会大众展示着企业成功的管理风格、良好的经营状况和高尚的精神风貌，从而为企业塑造良好的整体形象，树立信誉，扩大影响，是企业巨大的无形资产。

（二）良好的企业文化促使企业可持续成长

物质资源总有一天会枯竭，但是企业文化却是生生不息的，它成为支撑企业可持续成长的支柱。世界上著名的百年企业都有一个共同特征，即它们都有一套坚持不懈的核心价值观和独特的企业文化。企业文化的本质体现在其核心价值观上，企业成长的可持续关键是它追求的长治久安核心价值观要被接班人认可，接班人又具有自我批判的能力，这样就能使核心价值观在适应技术与社会环境变化的前提下得以继承和延续。近年来，企业所提倡的二次创业，其实就是可持续成长。二次创业的特点是要淡化企业家的个人色彩，强化职业化管理，把人格魅力、个人推动力变成一种氛围，形成合力，以推动和引导企业的正确发展。

虽然没有好的企业文化的企业也可以成长，但没有好的企业文化的企业却难以可持续成长。没有文化就像没有灵魂，没有指引企业长期发展的明灯，因而无法获得牵引企业不断向前发展的动力。文化只解决企业成长持续与否的问题，从这个意义上说，企业能否不断成长为世界级企业，成为百年企业，与企业文化建设的成败有着密切关系。

如果一个企业没有好的企业文化，它就会失去持续发展的动力，最终走进失败的深渊。

有好多国内小企业不注重企业文化的建设，在短期内，由于经济等各方面的原因，企业经营状况可能会好一些，但是，这种状况不会持久，这类企业是经不起时间的考验的，其原因就是没有企业文化的引导，如失去灵魂一样，最后在竞争中被淘汰。在20世纪90年代，常德有好几家知名的棉制品加工企业，生产的毛巾曾经畅销一时，但是由于管理落后，没有形成自己的一套优秀的可传承的企业文化，最终在激烈的竞争中销声匿迹。

（三）良好的企业文化是企业吸引人才留住人才的制胜法宝

当今社会，知识经济时代的来临使人才成为企业生存和发展的关键。企业吸引大量的优秀人才并留住人才，对企业的发展来说是非常重要的。因为这些是推动企业实现飞越发展的人力资本，对优秀人才的争夺已经成为当前经济竞争的一个重要方面。

我国加入世贸组织后，跨国公司纷纷看好中国市场的发展潜力。在本土企业和跨国企业争夺资源和市场的同时，越来越多的本土优秀人才也成为国内外企业争夺的目标，这就使得人才争夺战愈演愈烈。然而在这个人才争夺战中，"最重要的不是金钱，而是企业文化"。

如果单纯以金钱报酬为标准，只会造成员工没有归属感，频繁跳槽，企业不敢投资对员工进行培训，长此以往，形成恶性循环，对人才成长与企业发展都会造成消极影响。

例如：在常德卷烟厂公司，企业会帮助每一位员工规划今后两年、五年的未来发展，这种以人为本的企业文化对人才的吸引力可想而知，常德卷烟厂因此而吸引了大量的优秀人才。这种企业文化使员工产生了强烈的归属感，使员工有一种自我实现的感觉。优秀的企业文化的魅力是非常大的，它会使员工非常热爱集体，有时达到一种难以想象的地步。这里有一些常德卷烟厂（简称常烟）的事件与大家分享。

（1）"与顾客共享、与员工共荣、与时代共进"是常烟人的使命追求。多年来，常烟用诚信的姿态追求双赢，用感恩的心态回报社会，"芙蓉王"为公益事业捐资累计达4亿多元，热忱支持教育、体育、扶贫、助残、赈灾等各项公益事业，力求自身与社会的协调发展。在2005年8月，常德卷烟厂俱乐部举行了以"让爱心托起明天的太阳"为主题的"芙蓉学子——与希望同行"助学行动汇报演出晚会。晚会上，出现了一幕又一幕感人肺腑的场景，芙蓉学子们自强不息的求学精神和对常烟的感恩真情深深打动了在场的每一位观众，许多人禁不住潸然落泪。在晚会现场，厂级领导、全厂各党总支党员及与会嘉宾积极踊跃为芙蓉学子们捐款，当场募捐款总额达12.5万元。

（2）在2005年12月，常德卷烟厂员工经本人申请、组织推荐、党政联席会议研究决定，总分厂8名后备干部进行挂职锻炼交流，时间为两年。同月，由常德卷烟厂科协、博士后管理委员会、技术中心联合举办的"2005常德卷烟厂博士论坛"开讲，7名博士和在读博士走上讲台演讲。同月，常德卷烟厂部分厂领导和全体中层干部，分成两批先后在五强溪激发训练学校进行了为期三天的拓展项目训练。

通过案例（1），我们可以看到，优秀的企业在公益事业中对扶贫助教这方面下的功夫还是很大的，这样可以网罗并选拔优秀的人才，留住学子的心声。由此可见企业文化的魅力是非常大的，它的力量确实超出想象。案例（2）中对人员的培养及优秀人才的引进所举行的活动反映出对员工的重视。在常德卷烟厂这样的文化氛围中，员工的离职率是非常低的，这全得益于卷烟厂优秀的企业文化。

对于知识型员工来说，物质不再是最重要的东西，知识型员工不全是经济人。根据马斯诺的需求层次理论可知，人类的需要是由低到高，依次是生理的需要、安全的需要、尊重的需要、社交的需要、自我实现的需要。物质需求是最底层的需求，当物质满足了之后，就会有高层次的需求，此时物质利益对他们的吸引力非常小。因此，企业单纯靠高薪、高待遇是不容易网罗人才、留住人才的。因为只凭借高薪是无法满足他们高层次需求的，只有企业文化才会对他们起到很强的吸引作用，使他们产生强烈的归属感。

在企业的人才争夺战中，真正起关键作用的是企业文化，企业对人才的争夺真正体现在不同企业文化的竞争上。各种人才通过对公司的企业文化的了解、认识，选择适合自己发展的公司。

案例 1

华电国际企业文化

1. 企业使命

提供可靠、清洁、经济之能源，输出发展、进步、文明之动力，实现报效祖国、回报股东、成就员工之宏愿。

公司以产业报国为己任，不断发展壮大自己，用热情、汗水和智慧努力创造财富，尽心竭力，为振兴民族工业、促进经济发展，为伟大祖国的繁荣昌盛，为中华民族的伟大复兴做出应有的贡献。

公司积极承担应负的社会责任，持续供应优质、经济能源，满足社会动态需求。

严格遵守国家各项环保法规，努力降低企业生产对环境的污染。

努力实现企业价值，不断拓展增值空间。致力于股东利益的长期化和最大化。

为员工营造良好的成长环境，实现员工与企业的和谐统一，共同成长，协调发展。

企业和企业员工是社会主义精神文明建设的模范。

2. 企业愿景

能源巨子　行业先锋　国际一流

公司在能源领域不断发展壮大自己，成为能源产业中规模大、实力强的重量级企业。

紧跟中国电力体制改革和电力市场化进程，充分发挥华电集团核心企业、融资窗口的优势，成为整个电力行业的领先者。

抓住机遇，创新发展，借鉴国内外同行的先进管理经验，成为以电为主、规模宏大、实力雄厚、管理科学、具有强大竞争力、可持续发展的国际一流现代企业。

3. 企业宗旨

以人为本　安全第一　效益至上

人是企业之本。公司重视提高员工素质，发挥员工能动作用；尊重每一位员工的价值，帮助员工实现自我价值。

安全是基础，是公司各级管理者的第一责任，是每一位员工的行为底线。

始终将安全置于公司工作的首位，确保实现生产安全、经济安全、形象安全和政治安全。

公司为员工创造安全的工作环境。公司员工自觉为企业安全负责，为自身安全负责，为工作相关的其他员工安全负责，为家庭的平安幸福负责。

效益是目的。公司追求效益最大化，追求企业效益与社会效益相统一。

4. 公司精神

严细　高效　超越

严细是华电国际的精神基石。公司员工严格自我要求，严守规范、严守制度、严守章程、严守法律；作风稳健，计划周密，工作细致，执行计划精确，高质量完成工作任务。

高效是华电国际的精神风貌。公司员工雷厉风行，工作快捷，紧张有序，日清日高，以高效率实现高效益。

超越是华电国际的精神追求。超越，就是追求优秀，追求更好，追求卓越。公司员工人人求新，事事竞优。超越，就是努力超越过去、超越同行、超越自我，致力于实现更高更远更优秀的目标。超越，永无止境。

5. 企业价值观

尽责　诚信　创新　和谐

公司与公司员工始终以尽责为操守，竭尽心力，全面履行自身所肩负的使命、宗旨和职责。公司坚持依法经营，规范、高效运作，切实履行服务社会、服务客户、回报股东、促进员工成长的责任。公司员工积极认真，对工作负责，对公司负责，对客户和合作者负责。

诚实守信是做人之本。企业如人，公司与公司员工固守诚信原则，以诚信面对每一位利益相关者，面对每一位工作相关者，言必行、诺必践。

创新是公司永葆生机和活力的重要保障，是公司快速健康发展的动力源泉，是把公司做大做强的必由之路。

创新意识。创新意识和变革冲动是实践创新价值观的内在驱动，是公司与员工锲而不舍、坚韧不拔、勇于探索的思想源泉。

创新结构。员工的创新意识、团队的创新能力和公司的创新机制，是公司三位一体的创新基本结构。公司营造民主、宽松、和谐的有利于创新的组织氛围，鼓励员工进行所有基于工作的创新尝试。

创新手段。不断进行战略、组织、人事、制度、文化等方面的变革，不断改善自我、否定自我、超越自我。

创新目标。创新目标使工作更有效率、使公司更快发展、使员工有更大成就，推动公司不断成长。

华电国际始终是一个和谐统一的有机整体。

在充分发挥员工个人才能和企业各级管理职能的基础上，以及时、高效的沟通与协作，实现信息、知识等资源的共享。

个人智慧服务于集体目标，局部发展服从整体规划，保持公司内部相互尊重、融洽配合、理性高效的良性互动关系。

与政府和社会各界保持良好的公共关系；重视建立策略联盟，谋求与合作者的共同发展。

6. 企业管理理念

1）以制度人 以文化心

公司用科学的管理制度体系和管理方法，规范企业员工的工作意识和职业行为；注重用企业文化管理的力量，把企业理念融入每一位员工的心里，把执行企业制度的要求化为企业与员工的自觉意识和习惯行为。

2）组织原则

战略决定结构是构建公司组织的基本原则。公司依据企业战略变化，及时整合相关要素，提高组织的有效性。

实行合理授权的一体化管理模式。

3）决策与执行

科学决策。集思广益，充分发挥集体和个人的智慧，按程序决策。

提倡试错无咎。鼓励员工按照公司宗旨和战略目标，主动采取积极负责的行动。只要事先经过精心策划，按程序批准，过程严格操作，即使结果不佳，也应受到勉励，但不允许犯同类错误。

4）管理体系与规章制度

建立健全科学的管理体系和完善的规章制度，确保公司战略、政策和文化相统一。根据企业运营状况和环境变化，不断改进体系和制度，确保体系与制度的适用性和高效性。

依据按系统、分层次、程序化的原则设置制度，明晰责任制、监督制和追究制，体现管理闭合与持续改进、螺旋上升的管理思想，坚持凡事有人负责，凡事有章可循，凡事有据可查，凡事有人监督的严细管理制度体系。

学习和运用现代化的管理手段，促进管理体系的进步。

5）尊重与沟通

公司员工都得到公正、平等的待遇。

为员工创造交流意见的开放型工作环境。提供渠道与政策，保证公司单位之间、同事之间、上下级之间实现良好的沟通。

6）团队成长

员工之间相互理解，坦诚相待，相互尊重与欣赏，保持强烈的团队合作意识。

致力于建设学习型组织，公司内部营造浓厚的学习氛围。公司与公司员工以比别人更善于学习的能力，在传承公司多年积累的管理经验基础上，实现企业管理的不断创新。

致力于为员工创造富有挑战性和愉快的工作环境，激励和帮助员工不断提升，不断超越自我。

7. 企业的人才理念

绩效识才　竞争择优　酬显其绩

1）人才

人人可成才，岗岗出人才。

适应岗位要求，胜任本职工作，认同公司文化，富有责任感，具有合作精神，善于学习、敢于创新的员工，是公司所需要的人才。

比别人学得更快，能够勇于否定自我、持续改进和创新，不断创造突出业绩的员工，是公司的优秀人才。

忠诚于公司，知识面广，业务精尖，敢于挑战极限，致力于理论与实践升华，为公司做出重大贡献的员工，是公司的杰出人才。

2）选拔与使用

选拔人才坚持德才兼备、竞争择优。

选拔人才讲学历，但不唯学历；讲资历经验，但不唯资历经验；以实际工作能力、工作绩效和发展潜力、综合素质为重；注重循序渐进，但对有突出才干和突出贡献者破格晋升。

致力于建立公开、公正、公平、合理的人才竞争和选拔机制，通过竞争发现人才、选拔人才，促进优秀人才脱颖而出。

对待人才不求全责备，鼓励多出成绩。

在用人上要统筹兼顾，科学配置；要一视同仁，量才而用；要知人善任，才尽其能；要动态管理，能上能下，能进能出。

3）培养与激励

从绩效原则出发，建立客观、公正、有效的人才培养机制、绩效考核管理体系和价值分配制度，使各类人才始终处于激活状态，都有机会获得职务与任职资格的晋升。在报酬与待遇上，坚持能升能降，坚持向绩效优秀的员工倾斜。

为员工创造均等的发展机会，鼓励员工通过勤奋学习与公平竞争，通过不同的合适职业通道，获得个人发展。

8. 企业的经营理念

激活资源　提升价值

1）资源

公司运营与发展所需要的人、财、物、技术、管理手段，以及文化、品牌、形象等，都是公司赖以生存和发展的宝贵资源。

每一类资源都是公司价值链的重要组成部分。公司努力激活各类资源，最大限度地发掘资源潜能，优化资源配置，发挥资源最大效能。

2）成本

坚持成本领先，以低成本为主要经营目标，强化全面成本管理与控制，力求在同行业中指标最好、成本最低。

全过程节约成本。从源头抓起，规划就是财富，合理有效规避投资风险，节约发展建设成本，节约生产运营成本。

高效率意味着节约，节约就是利润。

3）销量

保持强烈的促销意识，千方百计争取市场份额，确保应有份额，努力增加份额。

致力规模经营，跨区域发展，跨区域经营，加快销量增长。

4）员工

人的观念是挖潜节约的最大源泉。坚持以先进的理念武装人的头脑，以多种形式的培训提高人的素质，以科学的绩效考核发挥人的潜能。靠一流的人干一流的工作，建设国际一流的企业。

5）管理手段

坚持依靠高科技手段，建立先进的经营管理平台，有效组织资源和灵活调度资源。

6）市场

注重研究与企业关联的宏观经济和微观经济形势，把握企业资源采购市场和产品销售市场的变化规律，遵循市场规则，对企业经营的市场环境做出适时、稳健的反应，调整企业经营活动战略战术，有效规避经营风险或把握时机，降低资源成本，扩大产品销量。

重视资本市场运作，树立良好的公司市场形象，增强在资本市场的融资能力。加强与政府的沟通，加强银企合作，拓宽融资渠道。

9. 企业的竞争理念

领先一步　竞合共赢

增强和发展核心竞争力，是公司竞争取胜、永续经营的重要基础。

低成本是公司在一个区域电网中核心竞争力的重要组成部分，不断降低成本是公司在竞争中立于不败之地的有力保证，技术领先和规模经营是降低成本的重要途径。

跨区域的大规模经营，是降低经营风险的重要保证，是公司在竞争中做大做强的必经之路，是与同类企业竞合共赢的物质基础。

深谋远虑、另辟蹊径、把握时机、超前行动、领先一步，使公司不断形成和壮大核心竞争力。

成功源于积累。重视每一环节、每一阶段、每一局部在总体竞争活动中的作用。

在竞争活动中，必须坚持脚踏实地、坚韧不拔、矢志不移的精神。

严格遵守市场竞争法则，勇于、善于竞争但反对恶性竞争，把外部竞争压力转化为内部工作动力，激发斗志，自强不息，脱颖而出，变被动为主动。

公司致力于实现双赢、多赢和共同发展，既有序竞争，又友好合作，与同业携手，共同推动能源产业的发展与进步。

10. 企业发展理念

致力于主业　快速可持续

1）主业

公司致力于发电及其相关产业。坚持以发电为核心，以发展大容量、高效率、环保型火力发电机组为主，适度发展与电力相关的上游、下游产业。发展相关产业应围绕核心、服务核心、巩固核心。

2）速度

建设国际一流现代企业，宏大的经营规模是基本的物质基础。公司坚持收购与新建并举，在发展速度上高于同业者。

公司追求的速度是规模与效益并重的速度，是企业可持续发展的速度。

3）可持续发展

对公司的成长进行有效战略规划和计划管理，保证公司的决策适时、灵活、高效，从源头上有效防止和减少公司在成长过程中各种困境和风险的发生。

注重短期经济效益，更强调企业的长远发展。公司始终居安思危，在高速成长中对企业发展的风险进行有效控制。

明日胜今天。华电国际不仅追求发展规模的快速扩张，而且还要使自己变得更加优秀。

思考题

1. 通过前面企业文化的学习，学习华电国际公司企业文化，阐述华电国际公司企业文化建设的出发点是什么。
2. 加强华电国际公司企业文化建设的主要任务是什么？
3. 谈谈你对电力企业文化建设的认识。

模块二

电力企业文化

北京同心动力企业管理顾问公司对有关电力企业进行的问卷调查显示，在对电力企业21条关键成功要素的认识上，员工认同度较高的是：团结凝聚、拼搏奉献的员工队伍；注重员工的学习和培训，员工的知识和能力不断提高；强烈的市场竞争意识；灵活机动、快速适应环境的运营机制；领导班子团结务实敬业；领导人独到的个人魅力。调查结果显示，员工对企业关键成功要素的认识一致性较高，大部分国有企业员工已完成了思想观念的转变，提高了接受新事物的能力，具备了较强的竞争意识和学习意识。在企业管理中，尊重、关爱员工生活，信任并授权下属的同时，不失管理的严格和规范，持续进行管理上的创新，并通过不断地学习和培训，提高员工队伍的素质，这些都是电力企业取得较快发展的重要因素，如图2-1所示。

单元一　电力企业文化概述

企业文化是企业长期生产、经营、建设、发展过程中所形成的管理思想、管理方式、管理理论、群体意识以及与之相适应的思维方式和行为规范的总和。它是企业领导层提倡、上下共同遵守的文化传统和不断革新的一套行为方式，它体现为企业价值观、经营理念和行为规范，渗透于企业的各个领域。企业文化的核心内容是企业价值观、企业精神、企业经营理念的培育，是企业职工思想道德风貌的提高。通过对企业文化的建设实施，企业的人文素质得以优化，但归根结底是推进了企业竞争力的提高，促进了企业经济效益的增长。

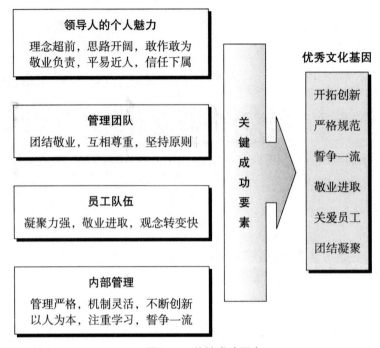

图 2-1　关键成功要素

电力企业文化是通过文化的力量和精神的作用，为企业的改革和发展提供精神动力、智力支持和思想保证，以充分调动员工的积极性、创造性，促进企业深化改革，强化企业经营治理，推进企业技术进步，培育"四有"员工队伍，提高企业总体素质，增强企业活力，不断提高电力企业的经济效益和社会效益。所以，电力企业要坚持文化营造与经营治理相结合的原则。

单元二　电力企业文化建设的原则

1. 强化创建意识的原则

电力企业文化是电力企业两个文明建设的综合反映。当代的企业管理是文化型的管理，通过"文化力"来协调、引导和约束人的行为，以弥补企业制度管理的不足，促进企业的技术、经济、精神、物质的深刻变化，达到人和物的同步发展。电力企业的领导应当借助当代企业管理新思想来推动电力企业文化建设，在企业内部形成全员参加、同步运转、协调发展的格局，不断增强企业职工的创建意识，努力营造一个宽松、和谐、民主的文化环境，从而促进电力企业文化建设向纵深发展。

2. 育人原则

电力企业具有生产的严密性、技术的复杂性和产品的公益性等特点，它集资金密集、技术密集、人才密集于一体，且拥有先进的技术和先进的设备。因此，这就需要进行系统的职工教育，以提高电力职工的技术、业务能力和整体素质，并通过培育企业精神的形式，融合有效的思想政治工作，使广大电力职工树立起正确的价值观和高尚的道德观，从而最大限度地激励电力职工敬业爱岗，发挥其积极性、主动性和创造性，实现以人为本的管理格局。

3. 服务原则

电力企业公益性强的特点，决定了它与其他行业之间密不可分的关系。因此，在电力的生产、建设和经营管理等实践中，电力企业应增强责任感，塑造服务于社会、服务于用户的行业形象。

4. 民主原则

电力企业文化是电力企业全体职工感情的凝聚和升华，坚持民主原则是建设电力企业文化的客观要求，企业的民主管理可以增进职工以及干群之间的相互了解、信任与宽容，从而在企业内部建立起充满民主、和谐、诚挚的新型人际关系。

5. 行业特色原则

在电力企业文化的建设过程中，要把电力企业文化同我国优秀传统文化、国外进步的企业文化相结合，并且针对电力行业产品、管理、生产和企业分布的特殊性，将电力企业文化建设的范围，从电力生产企业的内部扩展到电网所属各单位，把侧重点放在电网内各企业、单位的文化建设上，使电力企业文化建设从实际出发，在全国范围内形成一个有机的文化网络，充分体现"人民电业为人民"的行业特色。

单元三　电力企业文化建设的方法

1. 营造企业文化，确立准确可行的指导原则

企业文化建设的目的，是要树立一种企业的精神，培养一种企业的作风，塑造一种企业的形象，推动和促进企业的发展，提高广大员工的思想觉悟、

文化知识和技术水平，实现人的全面发展。企业文化持之以恒的建设和培养，需要广大员工的积极参与。因为员工在思想文化、技术、技能、素质以及积极性、创造性的发挥和参与热情，决定了企业文化的水平和发展速度。因此，广大员工是企业文化建设的主力军。

电力企业文化建设的基本任务是通过文化的力量和精神的作用，为企业的改革和发展提供精神动力、智力支持和思想保证，以充分调动员工的积极性、创造性，促进企业深化改革，强化企业经营治理，推进企业技术进步，培育"四有"员工队伍，提高企业总体素质，增强企业活力，从而不断提高电力企业的经济效益和社会效益。所以，电力企业要坚持文化营造与经营治理相结合的原则。企业文化是一种新的治理理念，它是为提高企业治理水平，实现企业战略目标，促进企业持续、稳步、健康发展服务的。企业文化建设只有紧密结合企业经营治理，才能产生强大的生命力。

电力企业文化应坚持领导倡导与群众参与相结合的原则，因为从某种意义上说，企业文化是一种经营治理者的文化。企业领导班子就是企业文化建设的组织者、倡导者，但企业文化的另一个重要方面就是强调群众性，员工群众是企业文化建设的最基础、最根本的力量，所以需要广大员工群众的广泛参与和生动实践。只有抓住这些原则，才能抓住企业文化建设的重点和本质，才能建设好独具特色的企业文化。

2. 坚持企业文化与企业思想政治工作相互渗透、补充

在企业文化与企业思想政治工作关系的问题上，存在着多种不同的看法。但实际上，企业文化与企业思想政治工作既不是完全包含，也不是完全重合，而是你中有我，我中有你，是一种相互交叉、互相依存的关系。它们在内容上相互渗透，功能上互为补充，主要表现在以下几点：

（1）企业思想政治工作可以为企业文化建设提供支持和保证。企业思想政治工作是一种以"人"为中心的教育方法，其目的是确定企业价值观，培育富有鲜明个性的企业精神和塑造良好的企业职工形象。此外，企业思想政治工作还坚持"尊重人、理解人、关心人"的原则，注重发挥人的潜能，调动人的积极性、创造性和主观能动性。而企业文化是一门以人为中心的治理科学，它也强调"以人为本"的原则，从而使企业思想政治工作中人的主体地位在企业文化建设中得到体现，并由思想政治工作加以保障。

（2）企业文化建设拓宽了企业思想政治工作的渠道。从企业思想政治工作的现状来看，绝大部分企业的思想政治工作从形式到内容，都还停留在原

有水平上，它们没有根据新形势、新情况在方法和内容上进行创新，所以缺乏吸引力和感染力。而企业文化建设则不同，它不仅是新形势、新情况下产生的，而且它是从本企业实际出发，能够与时俱进，不断修正和完善企业理念体系和价值观念，用共同的企业价值观和企业精神把企业思想政治工作与企业生产、经营治理紧密结合，从而扩大了企业思想政治工作的视野，丰富了企业思想政治工作的文化内涵，拓宽了企业思想政治工作的渠道。

（3）企业文化建设可以为企业思想政治工作提供载体。企业思想政治工作的传统做法是由有关人员以组织谈话和个人谈心等形式来开展进行的，而企业文化建设是以企业领导人为核心的企业治理人员通过培训学习、研讨会、座谈会等方式来进行的。所以，企业思想政治工作可以借助于企业文化的各种载体，使思想工作寓教于文、寓教于乐，从而不断满足员工对于提高政治理论、思想道德、科学技术水平和参与文体活动的多方面需要。

3. 按照"三个代表"的要求，建设电力企业有特色的企业文化

由于熟悉上的偏差等原因，不少企业在实践企业文化建设时，仍然存在"一手硬、一手软"的现象，仍然存在经营治理与企业文化建设脱节的现象。这些现象的存在，严重阻碍着企业文化建设和企业的健康发展。因此，我们要全面理解落实党的"三个代表"的思想理论和有关社会主义文化的论述。电力企业在积极学习和借鉴国外企业文化建设新成果的同时，应努力创新，坚持以先进文化精神为指导，突破思维定势，联系电力企业的实际，创造出反映历史潮流的、在本质上区别于国外企业文化、具有中国特色的电力企业文化。

事实证明，改革开放30多年来，电力企业在市场经济的激烈竞争大潮中，始终保持清醒的头脑，坚持一手抓经营生产，一手抓企业文化建设，坚持对员工进行"崇尚科学思想、民主意识、竞争观念、文化行为和奉献精神"的教育，在开展企业文化活动的过程中，始终围绕以生产经营为中心，党政工团齐抓共管，把企业文化渗透到企业的各项具体工作中，贯穿到企业的发展战略、生产经营和营销过程中。与此同时，企业文化建设同企业价值观、企业精神的境界、职业道德行为规范的教育，以及员工的培训切实结合起来，通过思想教育和文化活动的熏陶感染，取得潜移默化的效果，从而推动电力企业文化的不断创新和发展，这也是电力企业开展有中国特色企业文化的具体体现。

目前，建设文化大国的战略目标已提出，这标志着文化发展已从无序的

自发状态走向有序的自觉状态,体现了在全球化背景下对文化与社会经济发展关系的全新观念,折射出了实现全面小康社会奋斗目标所贯穿的"以人为本"的思想。伴随着电力体制改革和建设现代企业制度的进程,电力企业体制、机制和治理创新的任务相当艰巨,所以电力企业文化建设就显得尤为重要。

单元四　电力企业文化建设的意义

企业文化是当今世界企业治理的新思想、新理论。企业文化的核心是以人为中心的治理思想,目的是倡导和培育企业精神,调动企业员工的工作积极性,增强企业的向心力、凝聚力,提高企业的综合素质。

在电力企业中,有相当部分的人把企业文化混同于思想政治工作,但事实上,企业文化与思想政治工作分属于两个不同的范畴,企业文化属于治理科学范畴,而思想政治工作则属于政治工作范畴。一个企业要使企业文化在建设中发挥主导作用,就需要认真研究企业文化的内涵,抓住其精神实质,领会其精髓和精华,使其在发展过程中能培养企业良好的传统和作风,成为企业的无形财富。

1. 增强企业的向心力和凝聚力

电力企业建设企业文化,可以促使电力职工产生对企业目标、准则及观念的认同感和作为企业职工的使命感。在这种文化氛围的作用下,职工从对本职工作的使命感,激发出对本职工作的自豪感,以及对价值的认同和人的主体性的尊重,使企业成为全体职工利益感情的统一体,这样自然地就会产生对企业的归属感。职工中对"认同感""使命感""自豪感"及"归属感"的树立,可以潜意识地产生对企业的向心力,而这种巨大的心理力量,可以不断地产生把每个个体职工凝聚在本企业集体之中的整体效应。

2. 加强信息交流

企业职工在统一的文化氛围中逐渐形成统一的价值观念,相互之间就会产生共同的语言和情感,也就便于交流信息,统一认识。如果上级了解并信任下级,而下级也理解上级并能领会上级的意图,那么上下关系就会融洽,左右关系就会和谐。

3. 规范电力企业员工的行为

这主要表现在以下两个方面：

（1）外在约束，即通过企业制度、企业风尚、企业道德以及约定俗成的厂规厂纪等文化熏陶来规范员工的行为。

（2）内在约束，即通过影响企业员工共同的价值观来进行自我约束。

4. 发挥导向作用

电力企业建设企业文化，可以使企业形成一种文化定势，通过营造各种文化意识和文化氛围引导职工的行为心理，使职工在潜移默化中接受企业共同的价值观的熏陶和感染，把电力职工的努力方向引导到企业所确定的目标上来，使职工把实现企业的目标变为自觉的行为，从而促进企业朝着选定的目标发展。

5. 发挥激励作用

电力企业文化的激励作用，是以精神褒奖为主体的刺激效应，主要是运用物质激励和精神激励手段，激发职工的动机，使人产生内动力，朝着企业所期望的目标奋进。

单元五　中国大唐集团公司同心文化

一、概述

中国大唐集团公司是 2002 年 12 月 29 日在新一轮电力体制改革中组建而成的特大型发电企业集团，是中央直接管理的国有独资公司，是国务院批准的国家授权投资机构和国家控股公司的试点。中国大唐集团公司注册资金为人民币 153.9 亿元，主要经营范围为：经营集团公司及有关企业中由国家投资形成并由集团公司拥有的全部国有资产；从事电力能源的开发、投资、建设、经营和管理；组织电力（热力）生产和销售；电力设备制造、设备检修与调试；电力技术开发、咨询；电力工程、电力环保工程承包与咨询；新能源开发；自营和代理各类商品及技术的进出口；承包境外工程和境内国际招标工程；上述境外工程所需的设备、材料出口；对外派遣实施上述境外工程所需的劳务人员。

中国大唐集团公司实施以集团公司、分（子）公司、基层企业三级责任主体为基础的集团化管理体制和运行模式。拥有中国第一家在伦敦、香港上市，并于 2006 年在中国内地上市的大唐国际发电股份有限公司；拥有较早在国内上市的大唐华银电力股份有限公司、广西桂冠电力股份有限公司；拥有国内在役最大火力发电厂内蒙古大唐国际托克托发电公司和世界最大在役风电场内蒙古赤峰赛罕坝风电场；拥有我国目前在役的第二大水电企业龙滩水电站以及国内电力行业最大的物流企业中国水利电力物资有限公司等。截至 2008 年底，集团公司在役及在建资产分布在全国 28 个省（自治区、直辖市）并拓展到缅甸和柬埔寨，发电装机容量达到 8 242.027 万千瓦，资产总额达到 4 120 亿元，员工总数 86 847 人。

二、同心文化理论

同心文化是大唐文化体系的主题，是中国大唐集团公司对企业文化的形象总结。

（一）什么是同心

同心是指大唐集团公司与国家同心，以电力报国为己任，执行国家能源战略，与时代共同进步；是指大唐集团公司系统上下同心，全体员工目标一致、思想统一、务实行动、追求卓越。

（二）同心文化的定义

同心文化是共同奋斗的文化，强调集团公司内部紧密团结、互帮互助，全体员工同心同德、携手共进，建设和谐的大唐；同心文化是以人为本的文化，强调尊重员工的价值，充分调动员工的积极性、主动性、创造性，建设活力的大唐；同心文化是追求卓越的文化，企业有报国心，员工有上进心，上下一心，争创一流，建设发展的大唐。

（三）同心文化的性质

1. 同心文化是集团文化

同心文化是大唐集团公司在对系统各单位的文化进行适度整合的基础上形成的企业文化体系。系统各单位和全体员工必须自觉遵循，融入同心文化，弘扬、发展同心文化。

2. 同心文化是一个完整的有不同层次的有机系统

同心文化既包括整个大唐集团公司系统的母文化，也包含系统各单位在母文化的指导下产生的子文化。子文化是同心文化的有机组成，大唐集团公司允许并鼓励系统各单位在母文化的指导下，结合实际作进一步地挖掘和延伸，积极培育个性化的子文化。子文化的丰富与成熟，是同心文化向纵深发展的坚实基础。

3. 同心文化是一个充满生机与活力的开放性体系

企业文化建设是一个长期的过程。大唐集团公司需要随着外部环境和内部需求的变化，不断创新、发展，丰富同心文化，以适应新形势、新变化的要求，追求"企业小文化"与"社会大文化"的和谐统一，从而保持同心文化的生命力与活力。

（四）同心文化的特征

心气足、人气旺、风气正是同心文化的三大特征。

（1）"心气足"表现为企业志向远大、追求卓越，员工目标明确、信心十足。

企业起点高，员工心气高。大唐集团公司志在电力报国，进军"世界500强"，并成为国际一流的能源企业，目标高远但不遥远。员工在大唐找到了归属感，系统各单位在大唐强化了使命感，员工的个人理想与企业的理想高度统一，对实现目标信心十足。

（2）"人气旺"表现为工作作风求真务实、执行迅速，系统上下整体团结、共同奋斗。

大唐集团公司工作作风求真务实，系统内政令畅通、执行迅速；全体员工团结一心、努力奋斗，勇于接受任何挑战，敢于战胜任何困难，全力以赴达成使命。

（3）"风气正"表现为内部规范运作、纪律严明，外部形象优良、受到尊敬。

在大唐集团公司系统内，制度严密、运作规范，领导有正气、以身作则，员工守纪律、心情舒畅。对外，大唐集团公司态度友好、诚信守约，赢得了广泛的信任与好评，树立起了成熟的、负责任的大型企业集团的形象。

（五）同心文化的来源

同心文化的三大来源是：传统文化精髓、现代管理思想和大唐集团公司的实践经验。

（1）同心文化是中国传统文化在大唐集团公司的继承、创新和发展。

中国传统文化特别强调团结和谐、同心同德。《周易》云："二人同心，其利断金。"《孟子·公孙丑下》开宗明义："天时不如地利，地利不如人和。"《孙子兵法》道："上下同欲者胜。"《淮南子·兵略训》指出："千人同心，则得千人力；万人异心，则无一人之用。"另一方面，中国的历史无数次地证实了"赢在人和"的道理。大唐集团公司与中国古唐朝同名，而成就唐朝盛世的根本原因是政治开明、励精图治、上下同心、四海归心。

大唐集团公司组建于中国和平崛起的年代，建设同心文化就是要在继承优秀传统文化的基础上进行创新，通过文化的力量打造大唐宽广的舞台，让每位员工的智慧都得到充分发挥，让大唐的事业成为大唐员工共同的事业，大唐的未来成为大唐员工的未来。

（2）同心文化是对现代企业管理思想的借鉴和个性化运用。

现代组织行为学指出，一个有高度凝聚力的团队，必须具备以下几个条件：

①对组织目标的赞同；

②合理的经济报酬；

③对工作的满足感；

④优秀的领导者和恰当的管理方式；

⑤成员间的和睦关系；

⑥良好的信息交流；

⑦成员身心的健康等。

大唐集团公司所倡导的同心文化正是使一个普通团队转化为具有高度凝聚力的团队的催化剂。它能够有效地激发团队活力，提升团队工作效率，增加组织的向心力、凝聚力、信任力，减少组织的离心力、破坏力。

（3）同心文化是大唐集团公司创业历程的经验总结和哲学思考。

大唐集团公司成立伊始，面对的是电力体制改革不断深入、市场竞争日趋激烈的外部环境，面临着国内、国际市场的诸多风险与考验，所以亟需建设一种强势文化，构筑共同愿景，形成高效团队，提升并确立良好的品牌形象，为实现战略目标提供有效的精神动力和智力支持。

大唐集团公司始终坚持以人为本的理念，把员工当成企业最宝贵的资源。在具体的管理行为中，一是用科学的发展战略统一方向，用务实高远的目标鼓舞人心；二是清晰地划分管理界面，赋予三级责任主体充分的权利和相应的职责，调动各个管理层次的工作热情；三是营造一种公平、宽松的整体氛围，构建关心人、爱护人、发展人的和谐的内部环境，调动全体员工积极性，形成了"万马奔腾"的良好局面；四是诚信处世，追求共进共赢，争取有利于企业发展的外部条件，从而为相关利益者和社会创造价值。

大唐集团公司系统上下营造的文化氛围是企业快速发展的有力支撑。即全面承担国有特大型企业集团的特殊使命，与国家同心；全面发挥最广大员工的积极性、主动性、创造性，上下同心。从文化的角度来看，大唐的成功，是同心文化的成功。

三、理念篇

（一）使命

提供清洁电力　点亮美好生活

企业使命是企业存在的意义和价值，是企业肩负的最大责任，是企业存在的根本目的。"提供清洁电力，点亮美好生活"是指集团公司要以高度的政治责任感和社会责任感，全过程推行清洁生产，减少污染物排放，努力提供优质电力，以满足客户、员工和股东的需求，从而创造温馨、和谐的美好生活。

1. 对国家的使命

（1）产业报国，执行国家大政方针，实施国家能源战略，提供可靠、经济的电能，满足社会动态需求。

（2）牢固树立和全面落实科学发展观，使国有资产保值增值，促进国家利益的长期化和最大化。

（3）积极、合理地纳税，支援国家建设。

2. 对社会的使命

（1）促进社会的繁荣与稳定，实现社会的和谐发展。

（2）通过实际行动支持公益事业，保护生态环境。

3. 对员工的使命

（1）提供良好的工作环境和发展空间，使员工能够持续进步，充分发挥个人才能。

（2）创造信任、尊重与和谐的氛围，使员工真切感受到工作的乐趣，从各个方面让员工分享企业的成功；提高员工的成就感和自豪感。

4.对相关利益者的使命

(1)以共赢的态度,帮助合作伙伴获取合理的经营收益。

(2)通过稳健的经营,持续创造价值,为投资人提供理想的投资收益。

(二)愿景

成为国际一流的能源企业

企业愿景是对企业未来状况的美好憧憬,是企业努力追求的理想和抱负。"成为国际一流的能源企业"是指集团公司要通过持之以恒的努力,逐步从国内领先发展成为规模宏大、效益良好、品牌知名度高的国际一流的能源企业。

1.行业与规模

专注能源领域,成为国内发电行业的佼佼者。实现跨国经营,跻身世界500强企业,成为国际一流的能源企业。

2.目标与形象

以较强的国际竞争力、一流的盈利能力和一流的客户满意度,成为以电为主、规模宏大、管理科学、实力雄厚、可持续发展的现代化大型企业集团。

以成熟的、负责任的特大型国有企业的形象赢得社会的认可,并成为行业内最受社会尊敬的企业集团。

(三)发展战略

"两型""四化""三个能力"

战略确定企业长远发展目标,并指出实现长远目标的策略和途径。大唐集团公司的发展战略是,把集团公司建设成经营型、控股型,市场化、集团化、现代化、国际化,具有较强发展能力、盈利能力和国际竞争能力的大型电力企业集团。

1."两型"即"经营型、控股型"

大唐集团公司是中央直接管理的特大型电力企业集团,是国务院批准的国家授权投资机构和国家控股公司的试点,所以要建设成为经营型、控股型的企业集团。

2."四化"即"市场化、集团化、现代化、国际化"

以市场为导向,积极参与市场竞争,在竞争中求生存,在竞争中求发展,主动应对电力体制改革和电力市场化带来的各种变化与挑战。

发挥特大型电力企业集团的优势，整合资源，进行集团化管理，发扬团队精神。

以现代化为重要手段，推行现代化管理和现代化科技应用，从而提高科技竞争力，建设高度现代化的企业。

立足国内电力市场，面向国际电力市场，积极参与国际竞争与合作，走国际化道路。

3."三个能力"即"较强的发展能力、盈利能力和国际竞争能力"

大唐集团公司担负着为社会提供优质能源，实现国有资产保值、增值的重大责任，所以必须夯实基础，加强管理，不断增强自身的发展、盈利和参与国际、国内竞争的能力，做大做强，持续发展。

（四）核心价值观

人为本　和为贵　效为先

核心价值观是大唐集团公司遵循的基本的价值取向，是指导员工行动的最核心的原则，"人为本、和为贵、效为先"是大唐集团公司在创业期间所总结的价值判断标准。

1. 人为本

"以人为本"是大唐集团公司对人的基本态度。

尊重人的价值。使员工的理想与大唐的目标相一致，使员工的个人价值在大唐得以实现。

信任人的能力。给予适当的环境和激励，使员工工作更有主动性，更有创造性。

激发人的潜能。大唐注重培养员工、发展员工。

2. 和为贵

（1）内外和谐的环境是大唐事业成功的基本条件。

（2）内部和谐产生强劲的发展动力，外部和谐提供良好的发展环境。

（3）对内要建立合理的运营机制，责、权、利对等，规范运作，各得其所，公正合理。要营造心气足、人气旺、风气正的文化氛围。

（4）对外要珍视企业形象，诚实守信，践诺履约，与外界共同发展。依法是经营的基础和底线，稳健规范是经营的保障。

3. 效为先

（1）效是指高效，包括高效率和高效益。

（2）高效背后是一系列良好的运行机制的支撑。

（3）高效要求专业、专注、敬业、乐业。

（4）高效体现在行动前目标明确，执行时方法正确、反应迅速，能够独立解决问题并搞好团队协作，争取最佳结果。

（5）倡导雷厉风行、反应敏捷、紧张有序、只争朝夕的工作作风。杜绝不进取、不作为、回避问题、松散拖拉的工作表现。

（五）企业精神

务实和谐　同心跨越

精神是企业的灵魂，是激励员工为企业振兴而不懈奋斗的强大思想动力。"务实和谐，同心跨越"是对大唐集团公司组建以来所总结的精神的提升概括，是大唐人秉持的价值观在具体工作中的生动体现。

1. 精神实质

务实是诚实做人、踏实做事，集中时间和精力，投入本职工作，务求实效。和谐是怀抱开放、友善的心态，追求人与人、企业与社会、企业与自然的共生共赢、和谐相处。

同心是目标一致、思想一致、行动同步、集体奋斗，具有相同的价值观和共同的行为准则。跨越是不断超越自我、超越对手，追求大进步、大发展。

务实和谐体现了大唐集团公司和大唐员工低调沉稳的态度，其实质是时刻牢记使命，通过坚持不懈的有效行动，实现利己利人、利国利民的共同理想。

同心跨越体现了共同奋斗、追求卓越的精神。其实质是着眼大局、紧密协作、自我加压，不断追求更高效率和更优业绩，凡事做到最好。

2. 传承与弘扬

"务实和谐，同心跨越"是大唐集团公司组建以来集中体现出的优秀精神的提升、概括。大唐集团公司一贯弘扬的拼搏精神、进取精神、执行精神、创新精神、团队精神、大局精神等都是"务实和谐，同心跨越"的具体表现。大力弘扬"务实和谐，同心跨越"的企业精神，对于集团公司的持续、快速、协调发展具有极其重要的意义。

（六）管理理念

权责对等　高效协同

管理理念是对管理的哲学思考，是企业管理人员在企业管理活动中共同遵守的根本原则。集团管理要以科学的机制设置为保障，以制度与文化为基本管理手段，在战略指导下追求最高效率和最佳效果。"权责对等，高效协同"是大唐集团公司管理的特色和主要指导思想，"权责对等"是在尊重人、信任人的基础上，通过"分"来激发各层级的积极性；"高效协同"是强调行为、步调的协调和合作，立足管理实质和集团立场，通过"合"来追求整体的高效率与高效益。

1. 授权

授权必须因时、因事、因人、因地、因条件不同，而确定授权的方法、权限大小和内容等。被授权者必须敢于付出，敢于承担责任，具有热情和相应的能力。

清晰的目标是有效授权的灵魂。

授权要充分信任，"用人不疑，疑人不用"，信任就是激励，是授权的精髓和支柱。

授权要注重权责对等，有责无权，压制激情，效率低下；有权无责，会造成滥用职权。

对授权进行及时反馈和控制，根据实际情况结束授权或调整授权。

2. 执行

执行是管理的重中之重、难中之难。

执行以调动人的主动性、积极性、创造性为根本，强调主动地执行、积极地执行、创造地执行。

执行以结果为导向。员工对工作结果负责，管理者对团队的绩效负责。

认真是执行的关键，强调严谨、高效，注重细节，及时响应。

3. 沟通

沟通顺畅，信息快速传递是高效率的保证。

人际沟通强调尊重、理解和换位思考，以事为根本，注重友好的人际关系，出现矛盾首先自我检讨，然后真诚协调。

信息交流强调及时准确、真实可靠，以价值为根本，注重分享，从而消除信息孤岛。

沟通必须有机制和技术做保障,企业为员工创造交流意见的开放型工作环境,提供渠道与政策,提供必要的内部传媒和其他信息通道,以保障信息流通。

4. 团队

团队是大唐集团公司的基本工作形态。大唐集团公司强调集体奋斗,不鼓励个人英雄主义。

目标一致是团队存在的首要条件,要明晰团队的使命、性质、目标,强化团队对共同理念的认同。

倡导团队成员间相互信任,相互配合,以及高度的忠诚。

倡导知识、经验、技能的共享,致力于学习型组织的建设。

5. 监管

监管是廉正与效率的保证,是各项工作的基本控制手段,没有监管或监管不力必将导致消极与腐败,从而危害企业与国家利益。

加强宏观"立法",依照责权对等原则,划分各级权限,严格控制,实行有效监督。

在日常管理中强调结果导向,工作重结果、重效率,人人头上有指标,件件工作有考核,实施"计划—执行—检查—提升"的闭环管理。

(七)经营理念

资源最优化　效益最大化

经营理念是对企业经营方针、经营策略、经营方式的哲学思考,是企业领导者为实现企业目标而在整个经营活动中坚持的基本原则。"资源最优化,效益最大化"表明了大唐集团公司经营的两大重点:一是激活资源,优化资源配置,杜绝资源浪费,加快资源流转速度,提高资源使用效率;二是追求效益最大化,"效益"包括经济效益和社会效益,"最大化"是指用最小的投入、最低的成本获得最大的产出。

1. 资源

企业运营与发展所需要的人、财、物、技术、管理、信息,以及文化、品牌、形象等,都是大唐集团公司赖以生存和发展的宝贵资源,每一类资源都是集团公司价值链的重要组成部分。

激活大唐集团公司的各种资源，统筹全局，注重均衡，减少资源沉淀，加快资源循环，避免资源浪费，提高资源利用率，以无形资源驱动有形资源，以小资源驱动大资源，最终发挥资源的最大价值。

2. 效益

利润是企业的尊严和使命，是企业生存和发展的血液。

坚持将持续盈利作为经营的出发点，不争一朝一夕之功，注重发展速度和质量的均衡，实现稳定持续的发展。

把社会效益作为企业效益的重要组成部分，将其纳入企业决策体系之中综合考虑，统筹兼顾，注重平衡。

3. 成本

节约成本就是创造利润。

成本不仅包括生产成本，还包括决策成本、规划成本、管理成本和投资成本等。

坚持成本领先，就是通过控制直接成本，降低间接成本，来提升竞争力，力求在同行业中指标最好、成本最低。

全程节约成本，从源头抓起，从而合理有效地规避投资风险，节约发展建设成本，节约生产运营成本。

4. 风险

承认风险和危机的存在是不可避免的，并且严加防备。

建立一流的风险防范体系，增强风险防范和危机管理能力，尽可能从多方面评估各类风险带来的威胁，依法经营，规范运作。

慎重选择开发项目，准确定位目标市场，确保投资者风险最小、利益最大，从而保障大唐集团公司的稳健、高速发展。

（八）人才理念

大唐大舞台　尽责尽人才

"大唐大舞台"是指大唐集团公司尊重并努力激活每个员工的创造力，有充分的空间让所有员工施展才华。"尽责尽人才"有两层含义：一是电力生产属于分工精细、岗位关联紧密的行业，大唐集团公司的员工只有分工差异，没有贵贱之别；二是不论从事何种具体职业，只要员工尽职尽责，完成好本岗位的工作任务，都能成才，都是企业需要的人才。

1. 宗旨

大唐成就人,也成就于人,人才是大唐集团公司的第一资源。

大唐集团公司努力营造公平的用人环境,想做事给一个机会,能做事给一个舞台,做成事给一副担子,从而为员工提供宽广的成才平台。

2. 识才

认同企业文化,有责任感并能将责任感体现于行动之中,善于协作、追求工作实效的员工才是大唐集团公司的人才。

3. 用才

大唐集团公司用人倡导"德为前提,能为本位,竞争上岗,绩效评优",打造人尽其才的企业环境,吸引人才,淘汰庸才,不埋没人才。

4. 育才

大唐集团公司视人才的发展为支持企业发展的动力,只有员工不断发展,才能推动企业的持续发展。

建立学习型组织,逐步完善员工的职业生涯规划,提供各种形式的培训教育与提升机会。

(九)安全理念

生命至上　安全第一

"生命至上"是指在大唐集团公司,员工的生命高于一切。企业有责任为员工创造健康安全的工作环境,员工有权力维护自己的生命安全与身体健康,也有义务不让同事因为自己的过失受到安全伤害。"安全第一"是指安全是一切工作的基本保障,要始终将确保安全置于第一位,控制各种危险因素,全面消除安全隐患。

1. 意识

以人为本首先要以人的生命为本,科学发展首先要安全发展,建设和谐企业首先要关爱生命。

安全是相对的,风险是绝对的,事故是可以避免的。

安全管理与产业链同步延伸,将安全理念推广到各个领域,并注重政治安全、财务安全、品牌安全、经营安全,提供各方面的保障措施。

2. 措施

违章不一定出事，出事必定违章，严格执行各项规章制度是安全的根本所在。制度不打折，执行无借口。

安全以预防为主，层层落实责任，处处细致检查，项项严格考核。

建立安全预警处理机制，一旦出现安全问题，做到及时响应、保障到位、妥善解决。

（十）环保理念

清洁生产　绿色生活

"清洁生产"是指大唐集团公司全方位、全过程推行清洁生产，全面建设节约型和环境友好型企业。"绿色生活"是指大唐集团公司倡导有利于环境保护的生活方式。

1. 环保意识

大唐集团公司坚持落实科学发展观，追求绿色梦想。在经济、社会、资源和环境相互协调中推动企业发展，并在发展建设中带动资源和环境问题的解决。

通过生产方式的改变，确立人与自然和谐共处的关系，从而促进社会发展与社会文明、社会的和谐与繁荣。

创造亮丽的自然环境、优美的工作环境和和谐的生活环境，为员工提供良好的条件。

2. 生产领域

全方位、全过程推行清洁生产，全面建设资源节约型和环境友好型企业。

通过采取各种办法，使消耗性指标达到国内先进水平，各项污染排放指标达到国家标准。

3. 生活领域

大唐集团公司倡导员工选择有利于环境保护的生活方式，这既是对员工自身的一种爱护，也体现了大唐人的社会责任感。

大唐提倡的绿色生活主要包括5R，即Reduce（节约资源，减少污染）、Re-evaluate（绿色评价，环保选购）、Reuse（重复使用，多次利用）、Recycle（垃圾分类，循环回收）、Rescue（救助物种，保护自然）。

四、行为篇

（一）企业道德规范

诚实诚信　公平公正

"诚实诚信"一是指集团公司模范遵守、自觉维护市场经济秩序，遵纪守法，依法治企；二是指集团公司真诚对待客户，忠诚对待事业，坦诚对待友人，重诺守约，以诚信取胜。

"公平公正"一是指集团公司对内尊重、关爱每一位员工，提供公正的平台，给予员工平等的工作机会和发展机会，让每位员工都能够去创造并获得属于自己的财富，实现自我价值；二是指对待所有的客户、股东、兄弟单位等一视同仁，热诚相待，亲切友善。

（二）全体员工道德规范

胸怀仁德　有关爱心

崇尚仁德，是对"克己修身""博爱"等传统美德的继承和发扬。胸怀仁德是以一种宽容、自省、推己及人的心态，尊重天地山川、自然万物，关爱他人、企业、社会和国家，以此不断完善自我，创造利己利人的良好氛围，从而获得幸福。

恪守诚信　有责任心

人无信则不立，能够在工作中遵规守诺的员工，才能担负起自身的责任，在企业中站稳脚跟；能够对他人恪守诚信，履行对亲人、同事、朋友的承诺，才能赢得他人的尊重。

保持谦逊　有求知心

员工只有时刻保持谦虚谨慎的态度，主动融入终身学习的时代大潮，才能适应时代发展的趋势和企业发展的要求，从而在竞争中取得主动权。

追求卓越　有事业心

人生的高度首先就取决于理想的高度。追求卓越既意味着志存高远、争取进步，也意味着脚踏实地、勤奋实践。对事业的执着追求，将点亮人生的明灯，体现个人的价值，获取个人应得的收益，同时也能够为企业增值，为国家和社会创造更多的财富。

（三）领导班子行为规范

讲政治　立场坚定

讲政治，是指坚定地实践"三个代表"重要思想，自觉与党和国家的大政方针保持高度一致，与企业的领导团队保持高度一致，对国家和企业的重大决策具备敏锐的观察能力和较强的执行能力，并在坚持原则的情况下，能根据实际情况落实要求，开展工作，从而促进企业健康、协调、顺利地发展。

谋发展　求变创新

发展是企业的第一要务。企业领导应着眼于企业的根本利益、长远目标，变革不利于企业市场化生存的因素，探索和建立企业发展的新机制、新方法、新手段和新途径。

干实事　不慕虚名

不短视，不功利，不走过场，不干"样子工程"，严格按照求真务实的精神，把对上级负责与对职工群众负责有机统一起来，坚持说实话、办实事、求实效。

重协作　团结精诚

企业不提倡单打独斗，也不需要孤胆英雄。领导班子要带头摆正位置，团结协作，分工不分家，到位不越位，补台不拆台，集中团队智慧，发挥团队力量，以此获得"1+1>2"的整体效果。

树公心　廉政勤政

领导无私心，员工就归心；领导谋私利，员工就离心。树公心，就是讲公平、公正、公道，其实质是摒弃个人私念，将国家、企业的整体利益和员工的实际利益摆在第一位，清正廉洁，保持奋发向上的精神状态和艰苦奋斗的工作作风。

辨英才　选贤任能

人才是企业的第一资源，企业领导应秉承以人为本的观念，尊重人、相信人、发掘人才、培育人才，从而使企业具备强大的内聚力和吸引力，建立起企业的人才高地，促进企业的可持续发展。

知不足　学无止境

企业面临的挑战越多，对企业管理者提出的要求就越高。企业领导要能够一手握"望远镜"，预见未来，抢抓机遇；一手拿"显微镜"，发现问题，总结经验教训。因此，必须坚持系统而有效地吸收相关门类的最新知识，保持思维领先。

修心性　宽厚包容

古之贤者一日三省其身，作为企业的领导，应该特别注重提高自身的道德修养，主动开展批评和自我批评。对于来自各方面的不同意见和批评建议，要有容忍之量，有则改之，无则加勉。

（四）普通员工行为规范

遵法纪　守公德

遵守国家的法律法规和企业的纪律规定，遵守社会公德，是每个公民的基本职责。作为国有企业的员工，新时代的产业工人，更应身体力行。

顾大局　讲诚信

识大局、顾大体，树立强烈的集体主义责任感和荣誉感。身处于发展与变革的年代，在集团公司这个大家庭，更需要员工明辨是非，理解、支持国家和企业的政策，追求大部分人的共同利益。讲究诚信展示了员工对人、对事，包括对企业、对工作负责任的态度，其直接体现是遵守承诺，言行一致。

精专业　高效率

市场竞争的法则是优胜劣汰、适者生存。学无专长、学艺不精者不是"适者"，只能机械地工作，知其然却不知其所以然的"工匠"也不是"适者"。精通本行业、本岗位业务，工作优质高效的专家型员工、技能型员工才是真正的"适者"，才受到企业与社会的欢迎。

重质量　零差错

产品即人品，重视质量就是尊重自己，提供优质的产品和服务是企业生存和发展的根本。在企业的流水线操作里，每位员工都要高质量地完成本职工作，重视细节完美，力争零差错的结果。

乐竞合　求新知

竞合，即指"竞争合作"，市场经济倡导竞争和合作，因为没有竞争，就没有活力；没有合作，就难以取得成功。在企业中，乐于与人竞争，自我加压，主动学习各种新的知识与技能，才能适应企业发展的需要。在竞争中与同事合作，有助于相互学习，共同提高，争取双赢，最终将带来个人的进步和企业的兴盛。

勤思考　健体魄

现代人不仅要追求工作的高效，更应追求生活品质的优良。勤动脑、勤思考可以更新思维，强化锻炼、健全体魄是为祖国健康工作和获得个人幸福的有力保证。

五、形象篇

（一）企业形象

求真务实　诚信守约

"求真务实"是指大唐集团公司说真话、动真格、求真理，按客观规律办事，重实情、干实事、求实效。

"诚信守约"是指大唐集团公司真诚对待客户，忠诚对待事业，坦诚对待友人，遵纪守法，恪守承诺，规范运作。

（二）领导人形象

内有亲和力　外有影响力

"内有亲和力"是指大唐集团公司的高层管理者应具备较高的专业素质和文化素养，待人真诚、友善，在员工中有较强的亲和力和感召力。

"外有影响力"是指大唐集团公司的高层管理者依托集团公司的影响力、信誉度以及自身的人格魅力，在行业内和社会上具有较高的知名度和影响力。

（三）员工形象

敬业　精业　团结　高效

"敬业"是指员工爱岗敬业、忠于职守，本着对企业负责，对个人负责的态度认真干好自己的工作。

"精业"是指精通本职岗位的专业知识和相关技能，成为技能型、专家型的人才。

"团结"是重视企业这个团队，能够关爱同事，协调处理各种关系。

"高效"是指能够以最优的质量、最快的速度、最低的成本完成各项工作，体现出良好的个人素养和团队素质。

（四）大唐标识

中国大唐集团公司的标识由汉字小篆体"大唐"二字构成，如图 2-2 所示，它有以下几个含义：

图 2-2　大唐标识

（1）从图案上看，标识形似大钟，稳如泰山，体现了大唐集团公司稳健和务实的作风，寓意为基业稳固，前景美好。

（2）从字形上看，标识将汉字小篆体"大"和"唐"两字演变叠加在一起，结构紧凑，比例协调，方中有圆，圆中有方，寓意公平、公正、团结、和谐。标识上部的"大"字出头，预示着集团公司不断向上的发展趋势和无限的发展空间。

（3）从色彩上看，标识选用正红色，此外，鲜艳醒目。红色历来被认为是中国的代表性颜色，所以具有代表国家、喜庆、文化传统的特点。此外，将红色规定为集团公司的标准色，寓意着大唐集团公司的事业红红火火、灿烂辉煌。大唐集团公司中英文全称标准组合，如图 2-3 所示。

图 2-3　中英文全称标准组合

分析与思考

1. 学习大唐电力集团企业同心文化，阐述其核心理念是什么。
2. 大唐电力集团企业同心文化对企业发展有什么促进作用？

模块三

电力企业文化建设的内容

电力企业文化是电力企业核心竞争力的重要组成部分，是企业巨大的内在资源。电力企业文化建设由电力企业形象建设、电力企业道德风尚建设、电力行为文化建设和电力企业标准化体系建设等组成，如图3-1所示。

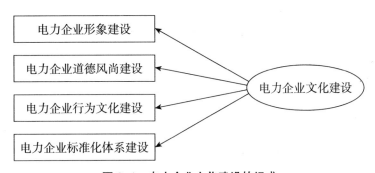

图 3-1　电力企业文化建设的组成

单元一　电力企业形象建设

考察一个公司的企业形象，可以洞察文化的系统概貌和整体水平，也可以评估它在市场竞争中的真正实力。一个企业良好的形象主要表现在企业环境形象、产品形象、领导和员工形象。

1. 科学的企业理念，是塑造良好电力企业形象的灵魂

当前，企业理念已成为知名企业最深入人心的概念，正在悄悄地引起一场企业经营管理观念的革命。在这种情况下，许多企业都制定了本企业的口

号，反映企业的理念，显示企业的目标、使命、经营观念和行动准则，并通过口号鼓励全体员工树立企业良好的形象。"口号"就是通常所指的企业理念的表现形式。海尔集团的"日事日毕、日清日高"和"有缺陷的产品就是废品"、三洋制冷有限公司的"创造无止境的改善"、中国大唐集团公司的"务实 奉献 创新 奋进"等，都说明精神理念在企业中的重要性。实践证明，培育和弘扬企业精神，是塑造电力企业良好形象的一种有效形式，对电力企业的发展将起到不可低估的作用。当然，培育电力企业精神不能单一化，要与现代企业制度建设、企业的经营管理目标和较细的思想政治工作结合起来，只有这样才能使其成为企业发展的精神动力。

2. 优美的环境形象，是塑造良好电力企业形象的外在表现

企业环境代表着企业领导和企业职工的文化素质，标志着现代电力企业的经营管理水平，影响着企业的社会形象。

第一，电力企业环境是企业文化最基本的反映。如果说企业是职工赖以劳动和生活的地方，那么就要有一个适合职工劳动和生活的保障设施，使职工能够合理、安全、文明地进行劳动和生活。

第二，建设优美的电力企业环境，营造富有情意的工作氛围是塑造企业形象的重要组成部分。企业的厂区、生活区、办公设施、生产车间、产品、现场管理、生产服务等都是企业形象的窗口。因此，每个电力企业都要精心设计厂区的布局，严格管理厂区的环境和秩序，不断提高企业的净化、绿化、美化水平，努力创造优美高雅的企业文化环境，寓管理于企业文化建设之中，陶冶职工情操，提高企业的社会知名度，为企业增光添彩。

3. 优质的产品形象，是塑造良好电力企业形象的首要任务

产品形象是企业形象的综合体现和缩影。在现代企业制度中，企业自己掌握自己的命运，自谋生存，自求发展。而生存发展的出路，则往往取决于企业产品所带来的社会效益。

首先，电力企业要提供优质的产品形象，就要把质量视为企业的生命。产品的好坏不仅是经济问题，而且是关系到企业声誉、社会发展进步的政治问题，是企业文化最直接的反映。抓好产品形象这个重点，就能带动其他形象的同步提高。要把抓产品形象渗透到质量管理体系当中去，在干部、职工中形成人人重视质量，个个严把质量关的良好风气。

其次，要在竞争中求生存，创名牌，增强企业的知名度，创造出电力企业最佳效益。在市场经济中，随着统一、开放、竞争、有序的全国大市场的

逐步形成，企业必须自觉地扩大自己的知名度，强化市场竞争，多出精品，使产品在市场中形成自身的文化优势。

同时，要加强产品的对外宣传，富于个性的宣传是塑造企业形象的重要手段。辽宁省食品集团公司提出"一切为了美味、营养和健康"作为公司的宣传语，是对企业特性产品的高度概括，又具有很好的引申和升华作用。

4. 清正的领导形象，是塑造良好电力企业形象的关键

电力企业领导在企业中的主导作用和自身示范作用是领导形象的具体体现，也是塑造良好企业形象的关键。首先，电力企业领导的作风，是企业形象的重要标志。有什么样的领导者，就有什么样的企业文化和企业形象。因此，电力企业领导干部要不断提高自身素质，既要成为真抓实干、精通业务与技术、善于经营、勇于创新的管理者，也要成为廉洁奉公、严于律己、具有献身精神的带头人。

其次，要提高电力企业领导对企业文化的认识程度，成为电力企业文化建设的明白人。一是电力企业领导要将自己塑造成具有高品位的文化素养和现代管理观念的企业家，以适应市场经济的需要，从而使企业在竞争中立于不败之地；二是要把握好电力企业文化的方向和基本原则，在学习、借鉴优秀企业经验的基础上，拓宽视野，不断创新。

5. 敬业的职工形象，是塑造良好电力企业形象的重要基础

职工的整体形象是企业内在素质的具体表现，把培养有理想、有道德、有文化、有纪律的"四有"新人作为企业文化建设的重要内容；培养职工干一行、爱一行、钻一行、精一行的爱岗敬业精神；树立尊重知识、尊重人才的观念；创造一种有利于各类人才脱颖而出的环境和平等、团结、和谐、互助的人际关系，从而增强企业的凝聚力、向心力，以职工良好的精神风貌，赢得企业良好的社会形象和声誉。

坚持"以人为本"的原则，使企业文化建设为提高全员素质，调动全员积极性服务。豪华的装修，雄厚的财力，并不能解决企业发展问题，其关键还是人。发动职工全员参与企业文化的实践，应做到"三个满足"，即满足员工参与民主管理的需要，满足员工渴望成才的需要，满足员工物质文化生活的需要，以此适应职工实现个人价值和物质、精神需要的意向，创造一种适应企业发展的良好文化氛围。企业要不失时机地采用岗位练兵、技术竞赛、脱产轮训和党校学习、政校学习等形式，从政治、技术、业务上培训职工，从而进一步健全以基础教育、技术等级教育、学历教育为主要内容的全员培

训网络和考核管理办法。同时，要开展各种有益于职工身心健康的娱乐活动，达到寓教于乐的目的，努力造就一支适应市场经济需要的思想好、纪律严、业务强、作风硬的职工队伍。

单元二 电力企业道德风尚建设

一、道德规范含义

道德规范是一个单位和一个国家的所有成员都必须遵守和履行的道德规范的总和，它包括道德核心、道德原则、道德基本要求和一系列的道德规范。我们坚持以马列主义、毛泽东思想、邓小平理论为指导，以为人民服务为核心，以集体主义为原则，以爱祖国、爱人民、爱劳动、爱科学、爱公司为基本要求，把社会公德、职业道德、家庭美德、个人品德的建设作为公司道德建设的着力点。公司道德规范主要由基本道德规范和社会公德规范、职业道德规范、家庭美德规范、个人品德规范构成，它涵盖了公司工作的各个领域，是每一个员工都应该遵守的行为准则。

二、电力企业道德建设的指导思想和原则

（1）电力企业道德建设的指导思想是，以马列主义、毛泽东思想、邓小平理论为指导，全面贯彻江泽民同志的"三个代表"和胡锦涛同志的"八荣八耻"、科学发展观、构建和谐社会的重要思想，在全公司牢固树立建设公司美好明天的共同理想和正确的世界观、人生观、价值观，在全公司大力倡导"爱国守法、明礼诚信、团结友善、勤俭自强、敬业奉献"的基本道德规范，努力提高员工的道德素质，促进员工的全面发展。

（2）坚持道德建设与公司发展相适应。要充分发挥公司文化推进委员会的积极作用，不断增强人们的自立意识、竞争意识、效率意识、民主法制意识和开拓创新精神，为公司全面建设和发展提供强大的精神动力与思想保证。

（3）坚持继承优良传统与弘扬时代精神、体现公司特色相结合。既要继承中华民族几千年形成的传统美德，发扬公司建设实践中形成的优良传统道德，积极借鉴其他单位道德建设的成功经验和先进文明成果，又要在大力宣传和弘扬解放思想、实事求是、与时俱进、勇于创新的同时，使公司道德建设既体现优良传统，又反映时代和个性特点，从而始终充满生机与活力。

（4）坚持尊重个人合法权益与承担公司责任相统一。

（5）坚持注重效率与维护公司公平相协调。要把效率与公平的统一作为公司道德建设的重要目标，在全公司形成注重效率、维护公平的价值观念。把效率与公平结合起来，使每位员工既有平等参与机会，又能充分发挥自身潜力，从而促进经济发展，保持公司稳定和谐。

（6）坚持把先进性要求与广泛性要求结合起来。引导人们在遵守基本道德规范的基础上，不断追求更高层次的道德目标。

（7）坚持道德教育与公司管理相结合。要广泛进行道德教育，普及道德知识和道德规范，帮助人们加强道德修养。建立健全有关规章、制度、准则，把对员工的道德建设融于科学有效的公司管理之中。

三、道德建设的主要内容

（1）从公司实际出发，员工道德建设要坚持以为人民服务为核心，以集体主义为原则，以爱祖国、爱人民、爱劳动、爱科学为基本要求，以社会公德、职业道德、家庭美德、个人品德为着力点，使之成为全体员工普遍认同和自觉遵守的行为准则。

（2）为人民服务作为员工道德建设的核心，在新的形势下，必须继续倡导为人民服务的道德观念，把为人民服务的思想贯穿于各种具体道德规范之中。要引导广大干部、职工正确处理个人与公司、竞争与协作等关系，提倡尊重人、理解人、关心人，为人民、为公司多做好事，从而促进公司良好道德风尚的形成。

（3）集体主义作为员工道德建设的原则，是公司经济、文化建设的必然要求。在公司，集体利益和个人利益根本上是一致的，要把集体主义精神渗入公司生产和生活的各个层面，引导员工正确认识和处理集体、个人的利益关系，提倡个人利益服从部门利益，部门利益服从公司利益，当前利益服从长远利益，反对小团体主义、本位主义和损公肥私、损人利己的行为，从而把个人的理想与奋斗融入公司的共同理想和奋斗之中。

（4）爱祖国、爱人民、爱劳动、爱科学、爱社会主义作为员工道德建设的基本要求，是每个员工都应当承担的法律义务和道德责任，所以必须把这些基本要求与具体道德规范融为一体，贯穿员工道德建设的全过程。提倡学习科学知识、科学思想、科学精神、科学方法，艰苦创业，勤奋工作，反对封建迷信、好逸恶劳，积极投身于建设现代企业集团的共同事业中。

（5）社会公德是全体员工在社会交往和公共生活中应该遵循的行为准则，

它涵盖了人与人、人与公司、人与自然之间的关系。社会公德在维护公众利益、公共秩序，保持稳定方面的作用更加突出，成为员工个人道德修养和公司文明程度的重要表现。要大力倡导以文明礼貌、助人为乐、爱护公物、保护环境、遵纪守法为主要内容的社会公德，鼓励员工在社会上做一个好公民。

（6）职业道德是所有员工在职业活动中应该遵循的行为准则，它涵盖了员工与服务对象、员工与职业、员工与公司的关系。随着公司的发展，对从业人员职业观念、职业态度、职业技能、职业纪律和职业作风的要求越来越高。因此，要大力倡导以爱岗敬业、诚实守信、办事公道、服务群众、奉献公司为主要内容的职业道德，鼓励人们在工作中做一个好员工。

（7）家庭美德是每个员工在家庭生活中应该遵循的行为准则，它涵盖了夫妻、长幼、邻里之间的关系。家庭生活与公司生活有着密切的联系，正确对待和处理家庭问题，共同培养和发展夫妻感情、长幼亲情、邻里友情，不仅关系到每个家庭的美满幸福，也有利于公司的安定和谐。因此，要大力倡导以尊老爱幼、男女平等、夫妻和睦、勤俭持家、邻里团结为主要内容的家庭美德，鼓励员工在家庭中做一个好成员。

（8）个人品德是个人在工作、学习和生活中必须遵循的行为准则，它包含了个人理想、价值观、言谈举止、行为方式、品质修养等内容，个人品德是其他道德建设的重要条件和基石，只有个人拥有良好的品德，才能更好地遵守和践行其他道德建设的要求。每个人的品德修养做好了，其他道德的建设也就水到渠成了。

四、加强电力企业道德建设的重要性

（1）道德建设是发展企业先进文化的重要内容。要顺利实现公司长远战略目标，高举文化发展大旗，全面建设现代企业集团，必须在加强制度建设的同时，切实加强企业员工道德建设，把制度建设与道德建设、依法治企与以德兴企紧密结合起来，通过企业道德建设的不断深化和拓展，逐步形成与公司跨越发展相适应的道德建设体系。这是提高全体干部、职工素质的一项基础性工程，对弘扬民族精神、时代精神和企业精神，形成良好的道德风尚，激励先进的良好企业风气，促进物质文明与精神文明协调发展，全面推进和谐、健康发展具有十分重要的意义。

（2）随着公司各项工作的深入推进，企业道德建设呈现出积极健康向上的良好态势，道德建设迈出了新的步伐。爱国主义、集体主义、团队合作精神日益深入人心，为人民服务精神不断发扬光大，崇尚先进、学习先进蔚然成风，追求科学、文明、健康的生活方式已成为广大干部、职工的自觉行动，公司道德风尚发生了可喜的变化，中华民族的传统美德与体现时代要求的新的道德观念和紧密联系企业自身实际和特点的文化相融合，成为公司道德建设发展的主流。但是，公司环境的变化和公司全新的发展，对我们的道德建设提出了更高的要求，所以我们必须与时俱进，不断开拓创新，不断丰富和完善道德建设内容，从而保障道德建设和公司发展的协调推进。

（3）加强员工道德建设是一项长期而紧迫的任务。面对公司文化、思想观念更加多元化的新动向，道德建设有许多新情况、新问题和新矛盾需要认真研究和解决。因此，必须适应形势发展的要求，抓住有利时机，巩固已有成果，加强薄弱环节建设，突出解决问题，积极探索新形势下道德建设的特点和规律，不断努力改进和创新，从而把公司道德建设提高到一个新的水平。

五、电力企业道德风尚的功能

1. 导向功能

电力企业道德风尚能对企业整体和企业成员的价值及行为取向起引导作用，具体表现在两个方面：一是对电力企业成员个体的思想和行为起导向作用；二是对电力企业整体的价值取向和经营管理起导向作用。这是因为一个企业的企业文化一旦形成，它就建立起了自身系统的价值和规范标准。如果企业成员价值和行为的取向与企业文化的系统标准产生悖逆现象，那么企业文化就会进行纠正并将其引导到企业的价值观和规范标准上来。

2. 约束功能

电力企业道德风尚对企业员工的思想、心理和行为具有约束和规范作用。企业文化的约束不是制度式的硬约束，而是一种软约束，这种约束产生于电力企业的企业文化氛围、群体行为准则和道德规范。群体意识、社会舆论、共同的习俗和风尚等精神文化内容，会造成强大的使个体行为从众化的群体心理压力和动力，使电力企业成员产生心理共鸣，继而达到行为的自我控制。

3. 凝聚功能

电力企业道德风尚的凝聚功能是指当一种价值观被企业员工认可后，它就会成为一种粘合力，从各个方面把其成员聚合起来，从而产生一种巨大的向心力和凝聚力。电力企业中的人际关系受到多方面的调控,其中既有强制性的"硬调控",如制度、命令等;也有说服教育式的"软调控",如舆论、道德等。道德风尚属于软调控,它使全体员工在企业的使命、战略目标、战略举措、运营流程、合作沟通等基本方面达成共识,这就从根本上保证了企业人际关系的和谐性、稳定性和健康性,从而增强了企业的凝聚力。正是由于有着坚定的"集体主义"价值观,使得日本大财团三井公司在经历二十多年的分崩离析后又重新聚合在一起。

4. 激励功能

电力企业道德风尚具有使企业成员从内心产生一种高昂情绪和奋发进取精神的效应。企业道德把尊重人作为中心内容,以人的管理为中心。企业道德给员工多重需要的满足,并能用它的"软约束"来调节各种不合理的需要。所以,积极向上的理念及行为准则将会形成强烈的使命感、持久的驱动力,成为员工自我激励的一把标尺。一旦员工真正接受了企业的核心理念,他们就会被这种理念所驱使,自觉自愿地发挥潜能,更加努力、高效地为公司工作。

5. 辐射功能

电力企业道德风尚一旦形成较为固定的模式,不仅会在企业内部发挥作用,对本企业员工产生影响,而且也会通过各种渠道(宣传、交往等)对社会产生影响。电力企业道德风尚的传播将帮助树立企业的良好公众形象,提升企业的社会知名度和美誉度。优秀的企业文化也将对社会文化的发展产生重要影响。

6. 品牌功能

企业在公众心目中的品牌形象,是一个由以产品服务为主的"硬件"和以企业文化为主的"软件"所组成的复合体。优秀的电力企业道德风尚,对提升企业的品牌形象将发挥巨大的作用,而独具特色的优秀企业文化能产生巨大的品牌效应。因此,无论是世界著名的跨国公司,如"微软""福特""通用电气""可口可乐",还是国内知名的企业集团,如"大唐""国家电网"等,它们独特的企业文化在其品牌形象建设过程中都发挥了巨大作用。品牌价值是时间的积累,也是企业文化的积累。

单元三　电力企业行为文化建设

行为文化是指人们在生活、工作之中所贡献的有价值的，促进文明、文化以及人类社会发展的经验及创造性活动。行为文化是文化层次理论结构要素之一。电力企业行为文化建设包括规章制度建设、仪容仪表规范建设、仪态礼仪规范建设，如图 3-2 所示。

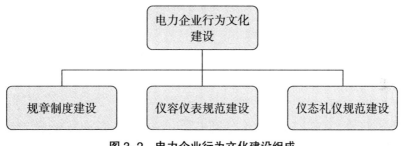

图 3-2　电力企业行为文化建设组成

一、规章制度建设

企业规章制度在电力企业中所起的作用：一是依法制定的规章制度可以保障电力企业的运作有序化、规范化，将纠纷、危险降到最低限度，降低企业经营运作成本，提高企业的竞争实力；二是规章制度可以防止管理的任意性，保护职工的合法权益。

在未来一段时间内，国内电力企业都面临通过加强规章制度建设以提高企业基础管理水平的挑战。企业规章制度建设应着力于从以下几方面入手。

（一）加强规章制度的体系建设

规章制度虽然是以一个个文件单体的形式存在，但是，从电力企业整体角度来看，规章制度的集合是一个内在有机联系的系统。这个系统基本可以划分为规章制度管理体系和规章制度内容体系两大部分。二者相辅相成，缺一不可，共同构成企业规章制度体系。其中，规章制度内容体系是制度建设的本体系统，规章制度管理体系是制度建设的保障系统。所以，规章制度建设要首先从体系入手，一方面要强化管理体系，另一方面要优化内容体系。

1. 强化规章制度管理体系

规章制度与电力企业发展之间的关系是从基本适应到基本不适应再到基本适应的过程,这就需要对规章制度进行有效管理。对规章制度的管理需要进行系统的思考。从系统论角度来看,一个系统可以由外部环境、宏观系统、中观系统和微观系统组成。国家有关法律、法规和行业政策等是规章制度的外部大环境;而企业战略、企业文化、管控模式和组织职能则构成了规章制度的外部小环境。

规章制度建设是企业的基础管理工作之一,涉及公司各个部门和各层管理人员。因此,在宏观层面要做好规章制度的规划工作,规章制度的规划工作是公司层面的涉及全局性的一项工作,需要有专门的部门进行统筹规划。规划工作要满足公司战略发展的要求,兼顾企业现实和未来发展的需要。通过有系统的规划,推动企业整体规章制度的建设。

职能部门则在规章制度的中观管理方面发挥重要作用,一个职能部门为行使职能管理,往往需要制定一系列的若干存在各种关联关系的规章制度集合。这些部门需要定期对本职能领域的各项规章制度进行监督、评估和修订,不断完善其管理职能。因此,在中观管理层面,需要积极发挥职能部门的能动性。

在制度的微观管理层面,涉及对具体一个制度的生命周期管理。一个制度的生命周期要经历申请立项、需求分析、起草、审核、颁布、实施、监督、评估、修订等阶段。制度生命周期管理就是要对构成制度生命过程各个环节实施全过程管理,并实现制度生命的更新或延续。

2. 优化规章制度内容体系

制度内容体系与管理体系相对应,同样可以划分为宏观、中观和微观三个层面,每个层面侧重点虽然有所不同,但是层面之间又有着内在的必然联系。对于内容体系的宏观层面,主要考虑公司规章制度建设如何与公司的发展战略和管控模式相匹配。不同发展战略和管控模式,意味着公司管理模式和管理重点是不一样的,必然会体现在不同的管理职能上,并最终落实在规章制度上。例如:对于战略管理型的管控模式,集团公司管理的重点是战略、财务、人力资源和投资等方面,制度建设必须要与管理重点相匹配,才能有效保障管理目标的实现。

对于内容体系的中观层面,主要考虑构建支持企业各项职能管理的制度集合,并进行有效分类。对于某一项职能,需要建立若干相互联系、密切配合的制度，以组成一个完整的、系统的制度集合，即制度树。因此，中观层面的制度内容体系建设的重点是建立职能管理的制度树体系，力求做到不遗漏、不重叠。若干项职能制度集合组合在一起，就形成横向分类、纵向分级的制度内容体系架构。

对于内容体系的微观层面，主要是指构成制度内容体系的基本单位——单体规章制度。单体规章制度内容建设主要从两个方向入手，一个是从形式上对规章制度进行规范；另一个是从内容上对规章制度进行优化，使之更具合理性和可执行性。形式规范可以从格式规范、结构清晰、文字准确等几方面进行优化；内容优化可以从权责明确、内容完整、流程合理等几方面进行优化。

（二）加强规章制度的组织保障

我国绝大多数企业目前对规章制度管理实行的是各个职能部门分散的专项管理体制，即一级（分散）管理体制。这种一级管理体制的弊端在于制度制定和监督分散在各个部门，制度之间的内在联系被削弱甚至被割裂；规章制度很不规范，影响其权威性；制度建设的出发点从部门利益考虑较多，对公司总体利益考虑较少，制度建设存在短视行为，造成制度建设不能充分聚焦并服务于公司整体发展战略。

因此，对于规模较大的企业集团，尤其是母子公司模式的企业集团，需要建立规章制度的二级管理体制，即由一个职能部门对公司制度建设进行统一归口管理，加强公司层面制度建设的统筹管理；而各个职能部门行使对本职能领域规章制度的垂直监督与管理的职能。通过这种二级管理体制，将有利于实现制度建设与公司总体目标、发展战略的有效对接，形成制度的合力。

（三）加强规章制度体系与其他体系的融合

企业基础管理工作包括规章制度体系、流程体系、内控体系、标准体系，几大体系既相互独立，又有联系。随着企业越来越强调规范管理和风险管理，企业在规章制度建设过程中要注意加强将内控体系、流程体系和标准体系与规章制度体系的结合，形成以规章制度体系为基础平台，几大体系相互支持、配合的基础管理体系。而不同体系间的有机结合，恰恰是我国企业目前在基础管理工作中所面临的难点问题。国外企业的经验表明，只有将规章制度体系、流程体系和内部控制体系有机融合在一起，制度的内容才能得到有效贯彻，流程的执行才能得到有效保障，企业的风险才能得到有效控制。

（四）加强规章制度的宣传教育工作

企业规章制度管理的价值在于可执行。没有执行的制度只能称之为"制度文件"。执行者对制度内容的理解和认同是关系到制度执行与否、执行好坏的关键。制度制定出来，并不是下发完成之后就万事大吉。各种信息在传递过程中总会发生一定的衰减，如果过程中不进行有效的信号增强，到终端信号会衰减得很厉害，甚至失去使用价值。因此，对制度的教育培训工作就起到了一个信息增强的作用。保障制度执行者对制度内容有充分的理解。在实际工作中，很多企业相关主管部门只管埋头发制度，下发之后就不闻不问，没有进行及时、有效宣传，给下面的工作带来很多不便。对规章制度的宣传工作要形成制度化、长期化和专业化，并贯彻到制度所涉及的各个部门和员工。

案例2

电力集团公司××公司三会业务规范

第一章 总 则

第一条 为增强电力集团公司（以下简称集团公司）对参股公司的控制力，维护好集团公司在参股公司中的合法股东权益，规范集团公司向参股公司派出的股东代表、董事及监事的三会业务活动，根据《中华人民共和国公司法》等国家有关法律法规和集团公司章程及相关规章制度的规定，制定本规范。

第二条 本办法所称参股公司是指集团公司直接参股公司，所称三会业务是指股东会、董事会和监事会业务。

第三条 集团公司向参股公司派出的股东代表、董事及监事办理股东会、董事会或监事会业务，应适用本规范。

第四条 集团公司作为参股公司的股东，按投入公司的资本额享有所有者的资产受益、重大决策、选择管理者等各项股东权益。

第五条 集团公司参股公司三会业务管理工作（以下简称参股公司三会业务管理）应充分发挥各分支机构的作用，做到各分支机构和集团公司本部两个积极性有机结合、协调配合。

第六条 参股公司三会业务管理应遵循"分层授权、分级负责、扁平化管理、协调统一"的原则。

第七条 集团公司在参股公司三会业务管理方面的主要职责是：
（1）统一领导、部署参股公司三会业务管理工作；
（2）研究拟定相关管理制度、管理办法及业务规范并监督执行；
（3）指导、监督、检查各分支机构的参股公司三会业务管理工作；
（4）直接负责重要参股公司的三会业务管理工作；
（5）负责确定重要参股公司的三会业务联系人；
（6）协调安排需报集团公司领导及总经理办公会研究决定的重大事宜；
（7）负责三会业务管理中集团公司层面的协调工作；
（8）负责已经设立的参股公司章程、合同（中外合资、合作企业）修改审批事宜；
（9）其他三会业务管理中的重大问题。

第八条 各分支机构在参股公司三会业务管理方面的主要职责是：
（1）具体负责所辖区域内参股公司的三会业务管理工作；
（2）根据集团公司有关规章制度，制定三会业务管理方面的具体规章、实施细则等；
（3）负责建立并实施与所辖区域内参股公司的控股股东及其他股东方进行有效业务联系和沟通的机制；
（4）负责确定所辖区域内参股公司三会业务联系人，并报集团公司备案；
（5）配合集团公司开展重要参股公司的三会业务管理工作；
（6）收集、整理所负责的参股公司基础信息及三会业务管理中的重要信息和重大问题，并报集团公司；
（7）所辖区域内参股公司其他三会业务管理工作。

第九条 各分支机构研究决定涉及计划投资、预决算、电源前期、工程建设等三会事项，应严格按照集团公司有关规定在授权范围内进行，不得超越授权权限擅自决定。

第十条 集团公司总经理工作部归口负责集团公司参股公司三会业务管理工作；总经理工作部设董事会办公室或其他执行处室，承担三会业务管理的具体日常工作。

第十一条 各分支机构综合管理部门归口负责所辖区域内参股公司三会业务管理工作，由集团公司直接负责的重要参股公司除外。

第十二条 集团公司计划发展、人力资源、财务产权等相关职能部门是三会业务的会办部门，与集团公司计划投资委员会、预算管理委员会等各类管理机构在各自职责范围内负责对三会业务中相关议题、议案出具表决意见或提出修改和完善建议。

各部门、各类管理机构在办理三会业务中应遵循"保证时效，分工负责，协调配合"的原则。

第十三条 集团公司向参股公司派出的股东代表、董事及监事办理三会业务活动应遵守下列原则：

（1）"主动、审慎、全面履行职责"与"坚持集团公司内部决策及管理程序"相结合；

（2）"尊重控股股东、其他股东方及所任职公司"与"坚决依照国家有关法律法规和公司章程、股东协议书（出资协议书）的规定，维护集团公司合法利益"相结合；

（3）"加强与其他股东方的沟通、协调"与"坚决按照集团公司决策进行表决"相结合；

（4）"坚持原则"与"讲究策略、灵活机动"相结合；

（5）廉洁执业、严格操守。

第十四条 集团公司对参股公司三会业务管理实行"业务联系人制度""议案会办制度""信息通报制度""档案管理制度"及"基础资料归集制度"等。

第二章 股东代表、业务联系人

第十五条 集团公司直接负责的重要参股公司股东会会议，由集团公司确定出席会议的股东代表；各分支机构负责的参股公司股东会会议，由所在区域分支机构提出出席会议的股东代表建议，于会议召开十二日前报请集团公司确认和办理股东代表授权委托书。

集团公司首次参加的参股公司股东会会议或会议有选举、更换董事、监事议题时，应商集团公司人力资源部确定出席会议的股东代表。

第十六条 集团公司出席参股公司股东会会议的股东代表一般授权从分支机构中派出的副董事长或主要董事担任；重要参股公司股东会议的股东代表，一般授权集团公司本部派出的副董事长或主要董事担任；集团公司领导可根据具体情况指定出席会议的股东代表人选。

股东代表人选获准集团公司法定代表人签发授权委托书后正式生效。

第十七条 股东代表出席股东会会议，应持有效集团公司法定代表人授权委托书。

股东代表授权委托书应按规定程序由集团公司总经理工作部统一办理。

第十八条 接到关于代表集团公司出席股东会会议的通知后，股东代表应及时了解股东会会议议题、具体事项及处理方案等会议基本情况，进行形式审查，并就有关议题及时征求相关职能部门意见；对特别重大的议题，应提请集团公司总经理工作部报请总经理办公会研究决定。

第十九条 对每一个参股公司均应明确一名"三会业务联系人"。

第二十条 集团公司直接负责的重要参股公司，由集团公司总经理工作部商人力资源部确定"三会业务联系人"。

各分支机构负责的参股公司，由该分支机构确定三会业务联系人，并报集团公司总经理工作部备案。

第二十一条 参股公司三会业务联系人的主要职责是：

（1）牵头组织对董事会、监事会会议通知及议题等进行形式审查；

（2）牵头组织对董事会、监事会议案提出初步处理意见，并向有关职能部门征求意见；

（3）对特别重大议题，提请三会业务归口管理部门报请集团公司总经理办公会、分支机构负责人办公会研究决定；

（4）股东会与董事会同时召开的，一般可由业务联系人就股东会会议通知、议题进行形式审查并就议案征求有关职能部门意见；

（5）向集团公司派出的股东代表及其他董事、监事通报、报告对议案的表决意见；

（6）牵头组织收集、报送所任职公司股东会、董事会、监事会会议纪要及决议文件，收集所任职公司章程、股东协议书等基础材料和重要历史资料；

（7）牵头组织跟踪、了解并向三会业务管理部门报告所任职公司的有关基础信息、重要情况；

（8）三会业务管理部门交办的其他相关工作。

第三章 业务办理规则

第二十二条 收到参股公司三会会议预安排征求意见函后，该参股公司业务联系人应牵头组织征求其他董事、监事和相关职能部门意见，提出回复建议并报三会业务归口管理部门核准后，及时与其他股东或该参股公司沟通、联系安排。

需书面回复的，应提请三会业务归口管理部门发文或发函回复。

第二十三条 收到参股公司三会会议通知、议题后，该参股公司业务联系人（股东代表）应牵头组织进行形式审查，区分不同情况作不同处理：

（1）对未按照法律规定及公司章程约定时间提前通知我方的，原则上应要求重新确定会议召开时间。

（2）对未列明会议具体议题的，原则上应要求重新通知并明确具体议题。

（3）对已列明会议具体议题，但未提前与我方就有关重要议题进行沟通的，应要求对方纠正；对确实不宜在本次会议上讨论表决的，应坚决要求取消此议题。

（4）对未提供具体会议文件及材料，影响我方对会议议题进行研究的，应及时要求对方提供并保证我方有充足的研究分析时间。

（5）我方认为应增加议题或有其他意见的，应及时与其他股东或该参股公司联系落实。

根据需要，三会业务归口管理部门可对三会会议通知、议题直接进行形式审查，做出处理决定。

第二十四条 召开股东会会议，应当于会议召开十五日以前通知我方。

召开董事会会议，应当于会议召开十日以前通知我方全体董事、监事。

公司章程约定提前通知时段长于上述规定的，以公司章程约定时间为审查标准。

第二十五条 对形式审查合格的三会议题及议案，该参股公司业务联系人（股东代表）应及时通知三会业务归口管理部门，并根据三会业务归口管理部门签发的三会议案征求意见通知单牵头组织征求相关职能部门意见。

第二十六条 有关职能部门对涉及本部门职责范围的议题和议案，应及时研究，填写表决意见通知书，于两个工作日内回复业务联系人（股东代表），并报三会业务归口管理部门备案。

相关职能部门出具表决意见、提出修改意见应具体、明确，并对其出具的表决意见和提出的修改意见负责。

表决意见通知书由三会业务归口管理部门与有关职能部门联合签发。

第二十七条 业务联系人最迟应于会议召开前将表决意见通知其他董事、监事及股东代表。

第二十八条 对特别重大议题，业务联系人（股东代表）应提交三会业务归口管理部门报请集团公司总经理办公会或分支机构负责人办公会研究决定。

第二十九条 集团公司总经理工作部（分支机构综合管理部门）应将会

议情况及对重大议题的研究结果形成会议纪要，报请主持会议的公司领导或分支机构负责人签发后，及时通知相关业务联系人（股东代表），并由其通知到我方其他董事、监事。

第三十条　各分支机构对超出其授权管理权限的重大事项，应提出建议，并及时报请集团公司研究决定。

前款所说"授权管理权限"是指根据集团公司对分支机构的授权管理办法及计划投资、财务产权、人力资源、工程建设、市场营销等专业管理制度、管理办法的规定，各分支机构所享有的对相关事项的管理权限。

第三十一条　我方派出的股东代表和所有董事、监事，均有义务了解、研究三会会议通知、议题和议案，均有义务协助"业务联系人"开展工作。

第三十二条　我方派出股东代表、董事、监事应以对集团公司高度负责的态度，积极认真进行会前准备，准时参加会议。

第三十三条　我方派出监事应列席董事会会议。

第三十四条　我方派出董事、监事如有特殊情况确实不能参加会议的，应在征得有管理权的三会业务归口管理部门同意后，书面委托我方其他人员参加会议，对相关议案行使表决权。

我方派出董事委托他人参加会议时，一般不得委托同一公司的监事参加会议和行使表决权。

股东代表原则上不能委托他人代为参加股东会会议。

第三十五条　我方派出的股东代表、董事、监事，应严格按照集团公司或有管理权的分支机构的表决意见进行表决。

任何股东代表、董事、监事都不能违反集团公司或有管理权的分支机构做出的表决意见擅自进行表决。

第三十六条　股东会、董事会和监事会会议，原则上不得对未列入会议通知或未提前征求我方意见的议题进行讨论和表决。

第三十七条　股东会、董事会、监事会应当对所议事项的决定作出会议记录、会议纪要或决议，经审慎审查无异议后，出席会议的我方股东代表、董事、监事应当在相应的会议记录（纪要、决议）等文件上签名。

第四章　信息收集及档案管理

第三十八条　股东会、董事会及监事会会议结束后，业务联系人（股东代表）应及时收集会议记录（纪要、决议）等会议成果资料。

第三十九条　业务联系人（股东代表）应将上述会议成果资料复印一份，

及时报送有管理权的三会业务归口管理部门留存备查。

各分支机构应将其直接负责的参股公司三会会议成果资料同时复印一份报送集团公司总经理工作部备案。

第四十条 股东会、董事会及监事会会议记录、纪要和决议等会议成果资料原件应由业务联系人（股东代表）按照集团公司及各分支机构档案管理的有关规定及时报送相应档案管理部门存档保管。

第四十一条 董事会、监事会会议成果资料原件一般由分支机构档案管理部门存档保管。

重要参股公司的上述资料原件，由集团公司档案管理部门存档保管。

所有股东会会议成果资料原件一律由集团公司档案管理部门存档保管。

第四十二条 三会会议结束后，业务联系人（股东代表）应将会议中出现的重大问题和发生的重要情况及时书面报告有管理权的三会业务归口管理部门。

各分支机构应将其直接负责的参股公司三会会议过程中发生的特别重大问题及时报告集团公司。

第四十三条 业务联系人应跟踪了解所任职公司的有关基础信息和重要情况，并向三会业务归口管理部门报告。

我方派出其他董事、监事均有义务积极、深入、全面了解所任职公司有关基础信息和重要情况，并配合业务联系人向三会业务归口管理部门报告。

第四十四条 前条所称所任职公司的基础信息、重要情况包括但不限于所任职公司的下列信息：

（1）公司历次章程、股东（出资）协议书；

（2）公司注册资本总额、到位额、股东各方及其出资比例等；

（3）公司装机规模、主要设备概况、在建工程情况、技改情况及职工人数、组成概况等；

（4）公司董事会和监事会组成人员的基本情况和变动情况，总经理、副总经理、总会计师以及董事会秘书等高级管理人员的基本情况和变动情况；

（5）公司年度财务预算和决算、年中和年度财务报告、年度审计报告；

（6）公司增（减）资、利润分配、弥补亏损、发行债券（证券）、改制上市及重大对外担保等情况；

（7）公司合并、分立、解散以及被收购等涉及资本（所有权）变动事项；

（8）重大安全生产事故；

（9）特别重大法律纠纷；

（10）其他重要基础信息和重要情况。

第四十五条 集团公司及各分支机构三会业务归口管理部门应建立、完善参股公司基础信息库。

第四十六条 根据工作需要，集团公司及各分支机构三会业务归口管理部门可定期编印三会业务信息通报，报道三会业务重要进展情况，总结、分析三会业务管理中的经验、教训。

第五章 附　　则

第四十七条 我方派出董事、监事和股东代表应抓紧学习公司法等国家有关法律法规和相关业务知识，以提高业务水平。

第四十八条 三会业务归口管理部门应会同人力资源部门加强对董事、监事和股东代表的针对性、实用性培训。

第四十九条 对我方派出董事、监事履行职责情况的考核，由人力资源部门会同三会业务归口管理部门进行；根据考核情况，按照集团公司相关规章制度的规定，可给予一定的奖励或给予相应的处罚。

第五十条 股东代表、董事和监事有严重失职情况或不称职的，三会业务归口管理部门可建议人力资源部门按规定程序进行更换。

第五十一条 本办法所称重要参股公司一般是指有集团公司本部人员担任董事或监事的参股公司，具体范围由集团公司人力资源部商计划发展部、财务产权部、总经理工作部确定。

第五十二条 本规范由集团公司总经理工作部负责解释、修订。

第五十三条 本规范自印发之日起施行。

分析与思考

1. 严格的规章管理制度对于企业发展有什么作用？
2. 规章管理制度制定的原则是什么？

二、仪容仪表规范建设

仪容通常是指人的外观、外貌。其中的重点，则是指人的容貌。在职场中，每个人的仪容都会引起交往对象的特别关注，并将影响到对方对自己的整体评价。在个人的仪表问题之中，仪容是重点之中的重点。

1. 仪容美的含义

首先，是要求仪容自然美。它是指仪容的先天条件好，天生丽质。尽管以相貌取人不合情理，但先天美好的仪容相貌，无疑会令人赏心悦目，感觉愉快。

其次，是要求仪容内在美。它是指通过努力学习，不断提高个人的文化、艺术素养和思想、道德水准，培养出自己高雅的气质与美好的心灵，使自己秀外慧中，表里如一。

仪容的内在美是最高的境界，仪容的自然美是人们的心愿，而仪容的修饰美则是仪容礼仪关注的重点。要做到仪容修饰美，自然要注意修饰仪容。修饰仪容的基本规则是美观、整洁、卫生、得体。

2. 仪容美的基本要素

仪容美的基本要素是貌美、发美、肌肤美。美好的仪容一定能让人感觉到其五官构成彼此和谐并富于表情；发质发型使其英俊潇洒、容光焕发；肌肤健美使其充满生命的活力，给人以健康自然、鲜明和谐、富有个性的深刻印象。但每个人的仪容是天生的，长相如何不是至关重要的，关键是心灵的问题。从心理学上讲每一个人都应该接纳自己，接纳别人。

1）貌美——脸部的妆饰

容貌是人的仪容之首，导购员美容化妆不仅是自身仪表美的需要，也是满足顾客审美享受的需要。

面部：

（1）男性导购员应该每天修面剃须，不留小胡子、大鬓角，整洁大方。

（2）女性营业员脸颊部位的化妆，如涂抹胭脂，可使面部的两颊泛出微微的红晕，产生健康、艳丽、楚楚动人的效果。

眼睛：

眼睛是心灵的窗口，只有与脸型和五官比例匀称、协调一致，才能产生美感。

嘴唇：

嘴唇是人五官中敏感而显眼的部位，是人身上最富有表情的器官。嘴唇的化妆主要是涂唇膏（口红），以表现嘴唇的艳丽。口红以红色为主，不准用深褐色、银色等异色。注意口腔卫生，消除口臭，保持口齿洁净，养成餐后漱口的习惯。

2）发美——头发的妆饰

（1）头发整洁、发型大方是个人礼仪对发式美的最基本要求。作为导购员，乌黑亮丽的秀发、端庄文雅的发型，能给客人留下美的感觉，并反映出员工的精神风貌和健康状况。

（2）选择发式，要考虑身份、工作性质和周围环境，尤其要考虑自身的条件，以求与体形、脸型相配，头发不要遮住脸且禁止染成彩色。

（3）为了确保发部的整洁，导购员必须自觉主动地对自己的头发进行清洗、修剪和梳理，以保持头发整洁，没有头屑，没有异味，如图3-3所示。

图3-3 发部的整洁

3）肌肤美——整体的妆饰

（1）仪容要干净，要勤洗澡、勤洗脸、脖颈、手都应干干净净，并经常注意去除眼角、口角及鼻孔的分泌物。要换衣服，消除身体异味，有狐臭要搽药品或及早治疗。

（2）仪容应当整洁。整洁，即整齐洁净、清爽。要使仪容整洁，重在重视持之以恒，这一条与自我形象的优劣关系极大。

（3）仪容应当卫生。讲究卫生，是公民的义务，注意口腔卫生，早晚刷牙，饭后漱口，不能当着客人面嚼口香糖；指甲要常剪，头发按时理，不得蓬头垢面，体味熏人，这是每个人都应当自觉做好的。

（4）仪容应当简约。仪容既要修饰，又忌讳标新立异、"一鸣惊人"，简练、朴素最好。

（5）仪容应当端庄。仪容庄重大方，斯文雅气，不仅会给人以美感，而且易于使自己赢得他人的信任。相形之下，将仪容修饰得花里胡哨、轻浮怪诞，是得不偿失的。

3. 仪表——服饰规范

仪表是人的综合外表，它包括人的形体、容貌、健康状况、姿态、举止、服饰、风度等方面，是人举止风度的外在体现。风度是指举止行为、接人待物时，一个人的德才学识等各方面的内在修养的外在表现。风度是构成仪表的核心要素。

生活中人们的仪表非常重要，它反映出一个人的精神状态和礼仪素养，是人们交往中的"第一形象"。天生丽质、风仪秀整的人毕竟是少数，然而我们却可以靠化妆修饰、发式造型、着装佩饰等手段，弥补和掩盖容貌、形体等方面的不足，并在视觉上把自身较美的方面展露、衬托和强调出来，使形象得以美化。成功的仪表修饰一般应遵循以下的原则：

适体性原则：要求仪表修饰与个体自身的性别、年龄、容貌、肤色、身材、体型、个性、气质及职业身份等相适宜和相协调。

时间、地点、场合原则简称TPO原则，即要求仪表修饰因时间、地点、场合的变化而相应变化，使仪表与时间、环境氛围、特定场合相协调。

整体性原则：要求仪表修饰先着眼于人的整体，再考虑各个局部的修饰，促成修饰与人自身的诸多因素之间协调一致，使之浑然一体，营造出整体风采。

适度性原则：要求仪表修饰无论是修饰程度，还是饰品数量和修饰技巧上，都应把握分寸，自然适度。追求虽刻意雕琢而又不露痕迹的效果。

服饰要求：规范、整洁、统一

（1）男士：上班时间着衬衫，衬衣前后摆包进裤内，扣子要扣好，尤其是长袖口的扣子要扣好，切记不能挽袖子、裤腿。特别注意，应着浅色衬衣，以白色为主，衬衣里的内衣应低领，领子不能露在衬衣领外；不得穿黑色或异彩衬衣，冬季应着深色西服，不得穿休闲装，如图3-4所示。

女士：上班时间规定着职业装，浅色、简约、大方，如图3-5所示。

（2）有制服的员工要爱护制服，保持制服干净、整洁、笔挺，上班前应检查是否出现破缝、破边、破洞现象。且要牢记清洁第一，经常换洗制服，不得有异味、污渍（尤其是领子和袖口）。

（3）服装口袋不要放太多太重的物件，否则会令服饰变形。

（4）西装上衣口袋不能插笔，亦不能把钥匙挂在腰间皮带上，以免有碍美观。

（5）员工必须着黑皮鞋，要经常擦拭皮鞋，使其保持清洁、光亮。

（6）男员工应选深色袜子（黑色、深灰色、深蓝色），不得穿白色袜子。女员工应选肉色长筒丝袜，不能穿黑色及有花纹、图案的袜子，袜子不能太短以致袜口露出裙外。

模块三　电力企业文化建设的内容　　71

胡须/鬓角和下巴要剃干净

领带/不要露出领带夹，长短要合适

衬衫/整洁，领口与袖口要注意无瑕疵，用熨斗烫平，确认纽扣没有缺少

鞋子/整洁的商务款式，避免穿过于豪华或休闲的鞋子，鞋面、鞋侧面都要保持清洁

发型/大方，头发清洁，无异味，无头屑，不抹过多的发胶

上衣口袋/不要插入笔，更不要放入其他物品，只能放西装口袋巾

皮带/和鞋子同色系，和服装颜色能搭配，样式简洁

裤子/要烫出裤线

图 3-4　男士仪容仪表

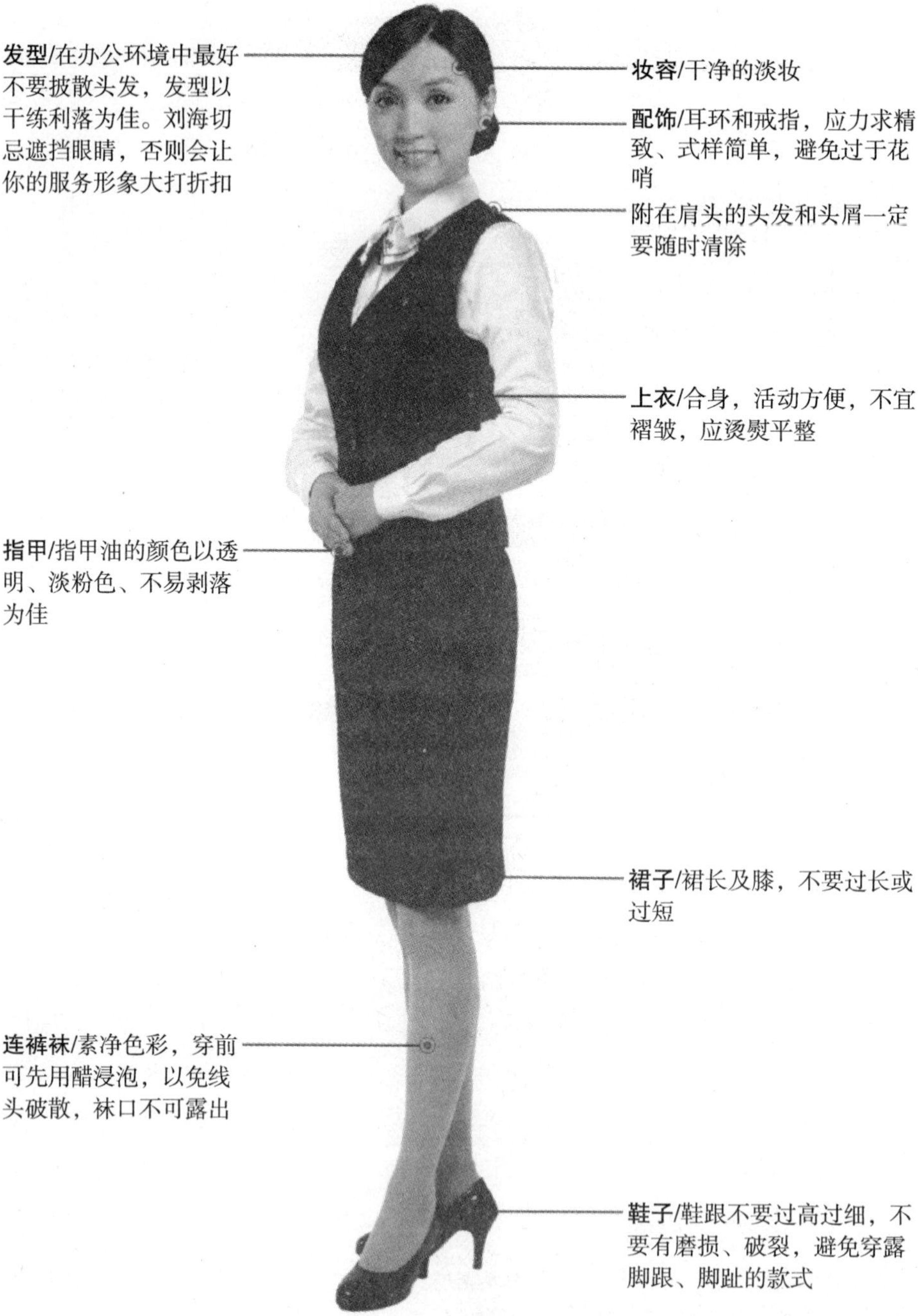

72　电力企业文化

发型/在办公环境中最好不要披散头发，发型以干练利落为佳。刘海切忌遮挡眼睛，否则会让你的服务形象大打折扣

妆容/干净的淡妆

配饰/耳环和戒指，应力求精致、式样简单，避免过于花哨

附在肩头的头发和头屑一定要随时清除

上衣/合身，活动方便，不宜褶皱，应烫熨平整

指甲/指甲油的颜色以透明、淡粉色、不易剥落为佳

裙子/裙长及膝，不要过长或过短

连裤袜/素净色彩，穿前可先用醋浸泡，以免线头破散，袜口不可露出

鞋子/鞋跟不要过高过细，不要有磨损、破裂，避免穿露脚跟、脚趾的款式

图 3-5　女士仪容仪表

(7) 员工应将员工卡端正佩戴在正确的位置。

(8) 上班时间一律不能佩戴变色眼镜、墨镜。

(9) 特殊情况外,非工作时间不得穿着公司制服,不得佩戴有公司标志的物品。

三、仪态礼仪规范建设

礼仪是人类为维系社会正常生活而要求人们共同遵守的最起码的道德规范,它是人们在长期共同生活和相互交往中逐渐形成,并且以风俗、习惯和传统等方式固定下来。对一个人来说,礼仪是一个人的思想道德水平、文化修养、交际能力的外在表现;对一个社会来说,礼仪是一个国家社会文明程度、道德风尚和生活习惯的反映。重视、开展礼仪教育已成为道德实践的一个重要内容。

礼仪是在人际交往中,以一定的、约定俗成的程序方式来表现的律己敬人的过程,涉及穿着、交往、沟通、情商等内容。从个人修养的角度来看,礼仪可以说是一个人内在修养和素质的外在表现。从交际的角度来看,礼仪可以说是人际交往中适用的一种艺术、一种交际方式或交际方法,是人际交往中约定俗成的示人以尊重、友好的习惯做法。

从传播的角度来看,礼仪可以说是在人际交往中进行相互沟通的技巧,可以大致分为政务礼仪、商务礼仪、服务礼仪、社交礼仪、涉外礼仪等五大分支。这里主要阐述商务礼仪和服务礼仪,也称为职业礼仪。

仪态的美是一种综合之美,完善的美,是身体各部分器官相互协调的整体表现,同时也体现了一个人内在素质与仪表的特点的和谐。仪表,是人的外表,一般来说包括人的容貌、服饰和姿态等方面。仪容,主要是指人的容貌,是仪表的重要组成部分。仪表仪容是一个人的精神面貌、内在素质的外在体现。一个人的仪表仪容往往与其生活情调、思想修养、道德品质和文明程度密切相关。

1. 礼仪的表面意思

(1) 礼仪是一种道德行为规范。它不同于法律,虽然都有规定该做与不该做的,但是作为道德规范来说它是没有绝对的惩罚制度的,做的不当,最多是遭人唾弃,所以能规范道德行为的人也只有我们自身而已。

(2) 礼仪的直接目的是表示对他人的尊重。人都有被尊重的高级精神需要,在社会交往活动中,按照礼仪的要求去做,就会使人获得尊重的满足,从而获得愉悦，由此达到人与人之间关系的和谐；同时增进了你与他人的沟通交流，为建立人脉打下坚实的基础。

（3）礼仪的根本目的是维护社会正常的生活秩序。例如随地乱扔垃圾、吐痰、横穿马路等不文明行为都是需要通过道德去规范的。若是靠法律去限制，那我们需要多少警力去监督惩治？

（4）礼仪要求全体成员共同遵守。社会是一个大家庭，任何一个人都不能完全脱离社会而存在，同时社会也不是由一部分的人就可以组成的，社会道德、礼仪的建立与遵守是需要全体社会成员共同努力的。

（5）礼仪要求在人际交往、社会交往活动中遵守。这是它的范围，超出这个范围，礼仪规范就不一定适用了。如在公共场所穿拖鞋是失礼的，而在家穿拖鞋则是正常的。在人与人的交往过程中，礼仪才能得到体现。

那是不是我们做到以上的基本规范就可以成为一个有礼仪有修养的人了呢？就如有的人尽管着高级名牌衣服，但他的服饰样式、色彩的选择都不合适，穿在身上的整体效果并不美；有的人礼仪语言表达得很动听，但给人的感觉是言不由衷；有的人在社交场合尽管按要求做了一些礼仪动作，但只有形似没有神韵，这是因为他没有外在表现的根基——内在的修养。

2. 内在修养的提升

1）思想道德修养

思想道德修养是指一个人的道德意识、信念、行为和习惯的磨炼与提高的过程，并达到一定的境界。有德才会有礼，缺德必定无礼，道德是礼仪的基础，现实生活中，为人虚伪、自私自利、斤斤计较、唯我独尊、嫉妒心强、苛求于人、骄傲自满的人，对别人不可能诚心诚意、以礼相待。

因此，只有努力提高思想道德修养，不断地陶冶自己的情操，追求至善的精神境界，才能使人的礼仪水平得到相应的提高。众所周知，礼仪修养是一个自我认识、自我解剖、自我教育、自我改造、自我提高的过程，在这个过程中，必要的外部条件的影响是不可少的。但是，最终取决于有没有高度的自学性。

如果没有强烈的求知欲，在外力的推动下，也许你会"强记"一点礼仪知识，但根本不可能进行礼仪修养，养成良好的礼仪习惯也就是空谈了。内省是一种经常性的自觉的自我检查，提高判断是非能力的重要途径。"吾日三省吾身"是儒家的修养法则，对当代大学生也是适用的。

2）文化修养

风度是人格化的象征，是精神化了的社会形象，有教养的人大都懂科学、有文化。他们思考问题周密，分析问题透彻，处理问题有方，而且反应敏捷，语言流畅，自信稳重，在社会交往中具有吸引力，让人感到知识上获益匪浅，身心上愉快舒畅。相反，文化层次较低的人，缺乏自信，给人以木讷、呆滞或狂妄、浅薄的印象。因此，只有自觉地提高文化修养水平，增加社交的"底气"，才能使自己在社交场合中温文尔雅、彬彬有礼、潇洒自如。

而对于礼仪知识的学习，大学生要努力了解和掌握社会对人们在礼仪方面的基本要求，以礼仪的理论武装头脑，提高认识。其前提是要求搞清楚按礼仪办事的必要性，及礼仪在社会生活中的巨大作用，真正认识到个人在参加社会活动时在言行上所应当遵循的"规矩"，以免在工作、学习等日常事务中增添不必要的麻烦和障碍。

3）艺术修养

艺术是通过具体、生动的感性形象来反映社会生活的审美活动。艺术作品积淀着丰厚的民族文化艺术素养，更凝聚着艺术家的思想、人生态度和道德观念。因此，我们在欣赏艺术作品时，必然会受到民族文化的熏陶，同时也受到艺术家世界观、道德观等方面的影响，倾心于艺术作品所描绘的美的境界之中，获得审美的陶醉和感情的升华，思想得到启迪，高尚的道德情操和文明习惯就会培养起来。因此，要有意识尽可能多地接触内容健康、情趣高雅、艺术性强的艺术作品，如文学作品、音乐、书法、舞蹈、雕塑等，它对人们提高礼仪素质大有裨益。

即使有了良好的内在修养以及基本的礼仪知识，如果脱离了与人的交往沟通，礼仪就是空谈，把所知道的理论储备运用到生活中最好的方式就是实践。人的认识来源于实践，认识正确与否，只能用实践来检验。因此，大学生应该身体力行地使用礼仪，用礼仪培育自己美好的心灵，同时还要用自己的礼仪行为去影响他人，用礼仪缩短人与人之间的距离，同时赢得别人对自己的尊重。

另外，员工在实践中，要真正培养起相应的礼仪情感、礼仪意志和礼仪信念，养成良好的礼仪习惯。而良好礼仪习惯的形成，不仅要从小事做起，点滴养成，还依赖于克服坏习惯的决心和毅力。因此，大学生要彻底改掉坏习惯，用礼仪来指导自己的行动，合乎礼的就做，不合乎礼的就不做，勿以善小而不为，勿以恶小而为之，绝不做有悖礼仪的事。

3. 树立个人的形象

在交往之中,人们普遍对交往对象的个人形象备加关注,并且都十分重视遵照规范的、得体的方式塑造、维护自己的个人形象。个人形象在国际交往中之所以深受人们的重视,主要是基于下列五个方面的原因。

(1)每一个人的个人形象,都真实地体现着他的个人教养和品位。

(2)每一个人的个人形象,都客观地反映了他个人的精神风貌与生活态度。

(3)每一个人的个人形象,都如实地展现了他对待交往对象的重视程度。

(4)每一个人的个人形象,都是其所在单位整体形象的有机组成部分。

当人们不知道某一个人的归属时,他个人形象方面所存在的缺陷,最多会被视为个人方面存在着某些问题。但是,当人们确知他属于某一单位,甚至代表着某一单位时,则往往将其个人形象与所在单位的形象等量齐观。最后,每一个人的个人形象,在国际交往中还往往代表着其所属国家,所属民族的形象。

基于以上原因,在涉外交往中,每个人都必须时时刻刻注意维护自身形象,特别是要注意维护自己在正式场合留给初次见面的外国友人的第一印象。

个人形象在构成上主要包括六个方面,它们也称为个人形象六要素。

(1)仪容。仪容,是指一个人个人形体的基本外观。

(2)表情。表情,通常主要是一个人的面部表情。

(3)举止。举止,指的是人们的肢体动作。

(4)服饰。服饰,是对人们穿着的服装和佩戴的首饰的统称。

(5)谈吐。谈吐,即一个人的言谈话语。

(6)待人接物。所谓待人接物,具体是指与他人相处时的表现,亦即为人处世的态度。

4. 礼仪对电力企业员工的重要性

1)学习礼仪是适应对外开放的需要

对外开放的国策打破了长期封闭的环境,使得人们深刻地意识到坐井观天已难以适应形势,必须从井底跳出,走向社会,走向世界,对外开放是当代员工应有的意识。要从狭小封闭的环境中走出来,除了应具备一些必备的专业技能外,还必须了解与他人相处的法则和规范,这些规范就是社交礼仪。礼仪的学习能够帮助学习者顺利走向社会,走向世界,能够更好地树立起自身的形象,在与他人交往中给人留下彬彬有礼、温文尔雅的美好印象。

2）学习礼仪是适应社会主义市场经济发展的需要

市场经济的发展带来了大范围的分工协作关系和商品流通关系，促进了人与人之间、组织与组织之间、地域与地域之间的相互依赖和相互合作，同时更带来了激烈的市场竞争，"皇帝女儿不愁嫁""酒香不怕巷子深"的局面已一去不复返。这对于电力企业和服务行业而言，就更需要积极的适应这种由"卖方市场"向"买方市场"的转变，而这种转变总是需要具体的人去实施、操作的，这些实践者如不懂得现代的社交礼仪，那么就很难在市场上立稳脚跟。

比如说一个供销员上门推销产品时，如事先不敲门径直而入，那是不礼貌的，甚至会被人误解。所谓"礼多人不怪"，在市场经济条件下，人们不仅为自己也为组织均应更多地了解学习礼仪知识，帮助自己顺利走向市场、立足市场。作为明天的建设者和接班人，电力企业员工理应在此方面走在前列。

3）学习礼仪是适应现代信息社会的需要

现代信息社会飞速发展的传播沟通技术和手段，正日益改变着人们传统的交往观念和交往行为。尤其是人们交往的范围已逐步从人际沟通扩展为大范围的公众沟通，从面对面的近距离沟通发展到了不见面的远程沟通，从慢节奏、低频率的沟通变为快节奏、高频率的沟通。

这种现代信息社会的人际沟通的变化，给人类社交礼仪的内容和方式均提出了更高的要求，在这种沟通的条件下，实现有礼有节的交往，以实现创造"人和"的境界，就必须学习和运用礼仪。而从某种意义上说，交际实质上就是一种信息交流，而信息乃是现代社会中最为宝贵的资源。由此可见，具有较强的交际能力，是现代人立足于社会并求得发展的重要条件。

4）学习礼仪是争做"四有"公民的需要

党和国家号召每个公民均应争做"四有"员工，即做一个有理想、有道德、有文化、有纪律的员工。要争做"四有"员工，那么学会必要的礼仪知识也是其中一个方面，我们经常会对擦肩而过的一位教师或成功人士行注目礼，这是因为他们高雅的气质或潇洒的风度深深吸引了我们。

5. 仪态礼仪建设

仪态是指人在行为中的姿势和风度。姿势是指身体所呈现的样子；风度则是属于内在气质的外化。仪态是一种不出声的"语言"，能在很大程度上反映一个人的内在品质、知识能力和个人修养。一个人的一举一动、一颦一笑、说话的声音、对人的态度等都能反映出这个人仪态美不美,如图 3-6 所示。

图 3-6　仪容规范

(1) 微笑:微笑是一种国际礼仪,能充分体现一个人的热情、修养和魅力。真正甜美而非职业性的微笑是发自内心的,自然大方、真实亲切的。要与对方保持正视的微笑,有胆量正视对方,接受对方的目光,微笑要贯穿礼仪行为的整个过程,如图 3-7 所示。

图 3-7　微笑规范

(2)目光:与人谈话时,大部分时间应看着对方,正确的目光是自然的注视对方眉骨与鼻梁三角区,不能左顾右盼,也不能紧盯着对方。道别或握手时目光正视对方的眼睛。

(3)站姿:抬头、挺胸、含颚、收腹、提臀、双肩自然下垂。男士:双脚分开,比肩略窄,双手交叉,放于腹前或体后。女士:双脚并拢呈 V 形或"丁"字状站立,双手交叉放于腹前,如图 3-8 所示。

图 3-8 站姿规范

(4)坐姿:入座要轻,坐满椅子的三分之二,轻靠椅背。双膝自然并拢(男士可略分)头平正、挺胸、夹肩、立腰。如长时间端坐,可将两腿交叉重叠,注意将腿回收,如图 3-9 所示。

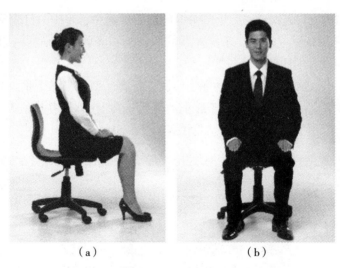

图 3-9 坐姿规范
（a）女士坐姿规范；（b）男士坐姿规范

（5）行姿：女士，抬头、挺胸、收腹、手自然摆动、步伐轻盈，不拖泥带水，身体有上拉的感觉。男士，步伐稳重，摆臂自然，充满自信。

图 3-10 行姿规范
（a）男士行姿规范；（b）女士行姿规范

（6）手势：是谈话必要的辅助手段，幅度和频率不要过大，在示意方向或人物时，应用手掌，切不可用手指。示意他人过来时，应用手掌，掌心向下，切不可掌心向上，如图 3-11、图 3-12、图 3-13 所示。

图 3-11　正确的手势幅度和力度

图 3-12　正确持物品的姿势　　　　图 3-13　正确接物品的姿势

（7）蹲姿：要拾取低处物品时不能只弯上身、翘臀部，而应采取正确的蹲姿。下蹲时两腿紧靠，左脚掌基本着地，小腿大致垂直于地面，右脚脚跟提起，脚尖着地，微微屈膝，移低身体重心，直下腰拾取物品，如图 3-14 所示。

图 3-14 蹲姿规范

6. 工作与个人礼仪

礼仪是人类为维系社会正常生活而要求人们共同遵守的最起码的道德规范，它是人们在长期共同生活和相互交往中逐渐形成，并且以风俗、习惯和传统等方式固定下来。对一个人来说，礼仪是一个人的思想道德水平、文化修养、交际能力的外在表现；对一个社会来说，礼仪是一个国家社会文明程度、道德风尚和生活习惯的反映。重视、开展礼仪教育已成为道德实践的一个重要内容。

礼仪教育的内容涵盖社会生活的各个方面。从内容上看有仪容、举止、表情、服饰、谈吐、待人接物等；从对象上看有个人礼仪、公共场所礼仪、待客与作客礼仪、餐桌礼仪、馈赠礼仪、文明交往等。在人际交往过程中的行为规范称为礼节，礼仪在言语动作上的表现称为礼貌。加强道德实践应注意礼仪，使人们在"敬人、自律、适度、真诚"的原则上进行人际交往，告别不文明的言行。

礼仪、礼节、礼貌内容丰富多样，但它有自身的规律性，其基本的礼仪原则：一是敬人的原则；二是自律的原则，就是在交往过程中要克己、慎重、积极主动、自觉自愿、礼貌待人、表里如一，自我对照，自我反省，自我要求，自我检点，自我约束，不能妄自尊大，口是心非；三是适度的原则，适度得体，掌握分寸；四是真诚的原则，诚心诚意，以诚待人，不逢场作戏、言行不一。

案例 3

××电力公司员工职业道德及行为规范

第一部分 员工职业道德规范

一、高级管理人员职业道德规范

（1）遵守公司经营业务所在地区法律、法规和有关监管规则。

（2）对公司履行诚信与勤勉义务。

（3）不参与可能导致与公司利益冲突的活动，避免对公司造成利益损害。

（4）遵守公司的各项规章制度。

（5）公平、公正地对待公司的雇员、客户和供应商。

（6）廉洁自律，不做有损于公司声誉的事。

（7）保证公司的一切交易活动得到恰当的批准和执行，确保公司财务工作规范、准确。

（8）保证公司资产用于合法的业务。

（9）有责任向管理层及负责部门报告违反本规定的行为。

二、普通员工职业道德规范

（1）认同公司企业文化，践行公司核心经营管理理念。热爱本职，忠于职守，熟练掌握职业技能，自觉履行职业责任，注重工作效率。保护公司的合法利益。

（2）禁止参与可能导致与公司有利益冲突的活动。

（3）不得私自占有应当属于公司经营活动范围的机会；不准利用公司财产、信息或地位谋取个人利益。

（4）不得在与公司有竞争关系、与公司利益有冲突或有冲突可能的公司、单位以任何身份任职，不准从事与公司有竞争的活动。

（5）不得接受可能影响商务决策和有损独立判断的有价馈赠。也不能允许其亲属或第三人接受该类馈赠。在商务活动中可以交换非现金礼节性纪念品，但不能因此影响业务正常往来。代表公司购买商品应遵循公司的采购政策，在业务往来中不允许进行贿赂、收取回扣或其他诱惑。

（6）必须遵守公司关于商业秘密保护的有关规定，不准泄露或擅自使用任何与公司相关的保密信息。

（7）员工及亲属不得违反章程规定收购公司资产、接受公司所提供的贷款或贷款担保。

（8）要忠诚于公司，诚实守信，反对出于任何目的的欺骗、作假行为。

（9）说老实话、办老实事、做老实人。

（10）要遵守公司经营业务所在地区的法律、法规。

（11）在经营活动中，要公平对待公司的客户和供应商，赋有管理领导职权的员工，还要公平公正对待所管理领导范围内的所有员工。在履行职责和对外业务交往中，不得有损于公司公平廉洁声誉。

（12）在业务运作中，要严格按照有关规章、制度条款执行，保证公司的各项业务记录准确、清晰。严格禁止在业务中舞弊、弄虚作假或其他不良行为。

（13）在一切经营活动中，应当树立保护公司资产并使公司资产用于合法目的的业务意识，依法保护公司资产，确保有效使用。

（14）有权利和义务向公司人力资源部报告本人和他人违反国家法律、公司内部管理规定及本规范的行为，公司对报告人予以保密，任何人不得打击报复。

第二部分　员工行为规范

一、岗位规范

（一）上、下班时段

1. 上班时

（1）遵守上班时间：因事迟到和需要请假的时候，必须提前通知，来不及的时候必须用电话联络。

（2）按工作计划做好上班前准备工作。

2. 工作中

（1）按工作计划开展每一天的工作，要做到有计划、有步骤、迅速踏实地进行。即：工作有计划，计划有结果，结果有质量。

（2）不做与工作无关的事，不说与工作无关的话，不要随便离开自己的岗位。

（3）离开自己的座位时要整理桌子，椅子半放进桌子下面，以示主人未远离。

（4）长时间离开岗位时，如可能有电话或客人，事先应托付给上司或同事，椅子全部放进桌子下面，以示主人外出。

（5）在办公区保持安静，不能大声喧哗、吵闹。

（6）需要到其他部门配合的，应敲门进入不能擅闯，开关房门要轻开轻关，交谈工作要心平气和，语调和蔼。

（7）工作时间内，不能接打私人电话、发私人信息。

（8）严禁酒后上岗（正常业务接待除外）。

3. 下班时

（1）下班时，按"5S"规范进行整理、清扫。

（2）做好第二天的工作计划，做好本日工作记录。

（3）关好门窗，检查各项安全事宜。

（4）下班时，与同事打完招呼后再走。

（二）物品使用与保管

（1）爱护公物，不能随意损坏、野蛮对待、挪为私用，对所用设备、设施的定期维修保养，节约用水、用电、易耗品。

（2）借用他人或公司物品，须征得当事人或负责人的同意，使用后及时送还或归放原处；未经同意不得随意翻看同事的文件、资料及私人物品等。

（3）公司物品必须妥善保管，使用后马上归还到指定场所。

（4）文件保管不能随意处理，或者遗忘在桌上、书柜中；处理完的文件，根据公司指定的文件号随时归档。

（5）办公用品和文件不得带回家，需要带走时必须得到许可。

（6）重要的记录、证据等文件必须保存到规定的期限。

（三）外出

（1）因公外出按规定逐级办理外出手续，无特殊原因不可电话、口头捎话假。

（2）因公外出时需向同事或者上司交代工作事宜，保持工作衔接。

（3）因公外出期间应与公司保持联系。

（4）外出归来及时销假，向上司汇报外出工作情况。

（5）外出归来一周内报销出差费用、交验票据。

二、形象规范

（一）仪容：自然、大方、端庄

（1）面部：保持清洁。

（2）头发：头发要经常清洗，梳理整齐，不戴夸张的饰物；男性头发不宜太长，女性头发不宜染彩色头发。

（3）口腔：保持清洁，工作前忌食葱、蒜等具有刺激性气味的食品。

（4）指甲：指甲不能太长，保留的指甲要保持清洁。女性染指甲要尽量使用淡色的指甲油。

（5）胡子：不准蓄胡子。

（6）化妆：女性淡妆上岗，修饰文雅，且与年龄、身份相符，不能浓妆艳抹，不宜用香味浓烈的香水。工作时间不能当众化妆。

（二）着装：统一、整洁、得体

（1）上班时必须穿工作服，工作时不宜穿大衣或过分臃肿的服装。

（2）服装：着装要整洁、大方得体，不能袒胸露背；上班时间，女性不能穿超短裙、吊带；男性不能穿七分裤、短裤、无袖装（砍袖、背心等）。

（3）衬衫：领口与袖口都不得脏污，衬衫纽扣要系到领口下的第二个扣子；衬衣下摆束入裤腰和裙腰内，袖口扣好，内衣不外露。

（4）领带：佩戴领带时，应注意与西装、衬衫的颜色搭配。领带不得脏污、破损或歪斜松弛。

（5）鞋：保持清洁，如有破损应及时修补，上班不能赤脚、不得穿拖鞋。

（三）行为举止：文雅、礼貌、精神

（1）站姿：两脚脚跟着地，脚尖之间约45度，腰背挺直，脖颈自然伸直，头微向下，使对方能看清面孔。双臂自然下垂，不耸肩，身体重心在两脚中间。会见客户或出席仪式站立场合，或在长辈、上级面前，不得把手交叉抱在胸前。

（2）坐姿：入座时上身端正，双臂自然下垂，双腿平行放好，不翘二郎腿，不抖动腿，不得傲慢地把腿向前伸或向后伸，或俯视前方。

（3）握手：握手时要目视对方眼睛、脊背挺直、不弯腰低头，要大方热情、不卑不亢。伸手时，同性间应先向地位低或年纪轻的伸手，异性间应先向男方伸手。

（4）行走：走路步伐有力，步幅适当，节奏适宜；在公司内行走，禁止唱歌、吹口哨、大声喧哗、勾肩搭背、追跑打闹。

（5）敲门：用食指或中指弯曲成90度左右轻叩门三声，如没有回应可再敲，但不能连续敲击。

（6）递交物件：如递交文件等，要把正面、文字对着对方的方向平行递出，要求上不能及目，下不能及腰；如是钢笔、刀子或剪刀等，要把笔尖、刀尖向着自己，使对方容易接收。

（7）出入房间的礼貌：进入房间，要先轻轻敲门，听到应答再进。进入后，回手关门用力要轻，不能大力、粗暴发出响声。进入房间后，如对方正在讲话，要稍等静候，不要中途插话；如有急事要打断说话，也要等待机会，而且要说：

"对不起,打断一下您的谈话"。

（8）避免在他人面前打哈欠、伸懒腰、打喷嚏、抠鼻孔、挖耳朵等。实在难以控制时,应侧面回避。

（9）移动椅子时,应先把椅子放在应放的地方,然后再坐。

（10）公司内与上司、同事或客户相遇应微笑点头行礼表示致意,在通道、路上遇到要礼让,不能抢行（靠右边行走）。

三、语言规范

（一）会话：亲切、诚恳、谦虚

（1）提倡讲普通话,言谈中要求语音清晰、语气诚恳、语速适中、语调平和、语意明确、言简意赅。

（2）与他人交谈,要专心致志、面带微笑,不能心不在焉、反应冷漠。

（3）不能随意打断别人的话,要以谦虚的态度倾听。

（4）适时的搭话,确认和领会对方谈话内容、目的。

（5）尽量少用生僻的专业术语,以免影响与他人交流效果。

（二）文明用语

（1）严禁说脏话、忌语。

（2）使用"您好""谢谢""不客气""再见""不远送""您走好"等文明用语。

（3）公司内以职务称呼上司、同事,客户间以"先生""小姐""老王""小张"等称呼。

（4）当需要对方帮助时,要说"请您"或"麻烦您"以示礼貌。

（5）当配合工作出现失误时,应及时向对方道歉,说"对不起"表示承担责任。

四、社交规范

（一）接待来访：微笑、热情、真诚、周全

（1）在规定的接待时间内,不迟到、不缺席。

（2）在接待来客时要彬彬有礼,待人热情：有客来访,离座接待,并让座；客人离开,送出门外。

（3）倒茶、倒水时不要倒满,以杯子的容积的80%为佳,所用器皿要干净、清洁。

（4）来客多时应按先后次序接待,不能先接待熟悉客户；如有紧要事项需先接后来客人的,须向先来的客人简要说明原因,准得同意。

（5）对事前已通知来的客户,要表示欢迎。

（6）接待客户时应主动、热情，做到来有迎声，去有送声，有问必答，百问不厌。

（7）有客人来公司参观时。要保持原有的工作和生产秩序，不准乱发议论或随便走动。

（8）来访办理的事情不论是否对口，不能说"不知道""不清楚"，要认真倾听、热心引导，快速衔接，并为来访者提供准确的联系人、联系电话和地址，或引导到要去的部门。

（二）访问他人

（1）要事先预约，一般用电话预约。

（2）遵守访问时间，预约时间5分钟前到。

（3）如果因故迟到，提前用电话与对方联络，并致歉。

（4）访问领导，进入办公室要敲门，得到允许方可入内。

（5）电话访问时，当铃声响三次对方仍未接听，就过一段时间再打。

（三）电话礼仪

（1）响铃：第三声铃响前取下话筒。

（2）通话：简明扼要，不得占用电话聊天（包括内线电话）。

（3）在接听内线电话时，如对方要找的人不在，要对事件进行详细记录，标明时间及通告本人。

（4）在接听外线电话时要先问候，并自报公司、部门。例："您好，XXXX公司，请问您有什么事"。对方讲述时要留心听，并记下要点；未听清时，及时询问对方，结束时要友好地说"再见""欢迎您下次致电"。待对方切断电话，自己再放话筒。通话时严禁与对方说："不知道""没办法"等不负责任的语言。

（5）对不指名的电话，当自己不能处理时，可坦白告诉对方，并马上将电话交给能够处理的人；转交前应先把与对方谈话的内容简明扼要地告诉接收人；如找不到能处理的人也要向对方讲明。

（6）使用他人办公室的电话要征得同意。

（四）名片礼仪

（1）名片应先递给长辈或上级。

（2）把自己的名片递出时，应把文字向着对方，双手拿出，一边递交一边清楚地介绍自己。

（3）接对方的名片时，应双手去接，拿名片的手不要放在腰以下，拿到手以后，要马上看，正确记住对方姓名后，如遇对方姓名有难认的文字，马上询问。

（4）对收到的名片应妥善保管，将名片收起放到名片夹等不易折损的地方，以便检索。

（五）宴请礼仪

（1）赴宴要准时，赴宴前应修整仪容以及装束，力求整洁大方。

（2）在排位时，按长幼尊卑安排座次，如是己方宴请可坐东首位，如有位尊者也可让出首座。

（3）入座后，宴请人提示用餐时方可开始进餐，取菜时不要一次盛得太多，如不够，可以再取。

（4）吃东西时要文雅，闭嘴，细嚼，慢咽，不要发出声音或抠嘴；嘴内有食物时，切勿讲话；剔牙时，要用手或餐巾遮住口。

（5）如有人为你夹菜，要微笑点头说"谢谢"，最好欠身离座以示谢意。

（6）当有人起身祝酒时，应暂停进餐，注意倾听。

（7）敬酒时，要注意主客、职位、年龄的主次，且不要硬劝强灌，饮酒不要过量。

（8）碰杯时，提酒人和主宾先碰，职位低或辈分低者杯子上沿不能超过位尊者的杯子上沿；人多时可同时举杯示意，不一定碰杯。

（六）介绍和被介绍的规范

（1）无论是何种形式、关系、目的和方法介绍，介绍时应热情、大方、礼貌。

（2）直接见面介绍的场合下，应先把职位低者介绍给职位高者，如难以判断，可把年轻的介绍给年长的。在自己公司和其他公司的关系上，可把本公司的人员先介绍给其他公司的人员。

（3）把一人介绍给多人时，应先介绍给其中职位最高的或酌情而定。

（4）异性间的介绍，应先把男性介绍给女性，异性地位、年龄有很大差别时，若女性年轻，可先把女性介绍给男性。

五、会议规范

（1）按会议通知要求，参加人员应提前5分钟到场。

（2）开会或向领导汇报工作时，要求关掉手机，特殊情况，可将手机调至振动。

（3）向领导汇报工作时，态度要端正，回答问题要实事求是、言简意赅。

（4）认真听别人的发言并记录；不得随意打断他人的发言。

（5）保持会场肃静，不得随意走动。

六、安全卫生环境

(一) 安全工作环境

(1) 在所有的工作岗位上都要营造安全的环境。

(2) 工作时即要注意自身的安全,又要保护同伴的安全。

(3) 提高安全知识,培养具有解决事故、意外事故的紧急管理能力。

(4) 记住应急电话,市内伤病急救:120,市内火警:119,市内匪警:110。

(二) 卫生环境

(1) 办公室内非指定地点严禁吸烟。

(2) 按"5S"规范内容整理、清理存放物品,各部门的办公用品要摆放整齐,地面洁净无杂物,通道畅通。

(3) 禁止随地吐痰、乱扔烟蒂等杂物,禁止向水池内乱倒饭菜等杂物。

(4) 禁止在墙上和设施上乱粘、乱涂、乱写、乱画。

(5) 禁止任意挪用、攀摘、损坏厂区周围的花草、树木、绿化带。

(6) 各部门卫生区或内有不卫生、不整洁现象时,要立即清扫;如在公共场所发现纸屑、杂物等,随时捡起放入垃圾桶,保护公司的清洁。

(7) 工作台、办公桌上不能摆放与工作无关的物品。

(8) 保持公共卫生间的清洁,不能制造垃圾。

(9) 员工有维护良好的卫生环境和制止他人不文明行为的义务。

七、上网规定

(1) 在工作时间不得在网上进行与工作无关的活动。

(2) 不得利用国际互联网危害国家安全,泄露国家机密,不得侵犯国家的、社会的、集体的利益和公民的合法权益,不得从事违法犯罪活动。

(3) 不得利用互联网制作、复制、查阅违反宪法和法律、行政规范的以及不健康的信息。

(4) 不得从事下列危害计算机网络安全的活动。

(5) 非专业人员,不得对计算机信息网络功能进行删除、修改或者增加。

(6) 非专业人员,不得对计算机信息网络中储存、处理或者传输的数据和应用程序进行删除、修改或者增加。

(7) 制作传播计算机病毒等破坏程序。

分析与思考

1. 行为礼仪有哪些应当注意的细节?

2. 列举生活中不文明的行为举止。

3. 道德规范建设对于企业文化的作用是什么?

单元四　电力企业标准化体系建设

随着经济运行的全球化以及国际贸易中关税壁垒作用的削弱，以技术法规、标准、合格评定程序为主要内容的"技术壁垒"已经成为当今各国保护本国利益，提升企业竞争力的一把利器。许多大企业特别是高新技术企业正是通过走技术标专利化——专利标准化的技术路线来占领产业链的高端以进行全球扩张的。

改革开放以来，随着我国市场经济体制和运行机制日趋成熟，电力企业已经成为市场竞争的主体。特别是入世以后企业不仅要面对国内众多企业的竞争，同时还要面临国外同类企业的有力竞争，在这双重压力下如何正确认识技术标准的重要性以及如何利用技术标准参与国际竞争已经成为企业持续发展的关键所在。

一、标准化建设对电力企业发展的影响

所谓标准就是为了在一定的范围内获得最佳秩序，对活动或其结果规定共同的和重复使用的规则、导则或文件。该文件经协商一致制定并经一个公认的机构批准。而标准化则是为了在一定的范围内获得最佳秩序，对实际上或潜在的问题制定共同和重复使用规则的活动。两者对企业发展的影响主要表现在以下几个方面。

1. 标准是消费者选择产品的重要依据

由于消费者和企业之间存在着信息不对称的问题，消费者对企业产品的质量和性能不可能拥有完整的信息。只有在花费大量成本和具备一定的专业技能的前提下，消费者才能了解所购产品的质量、性能，因此，消费者在购买产品时一般只能凭感觉行事。而标准是由企业与消费者构成的一种要约或契约关系，如果企业的产品质量不能达到相应标准规定的要求，即构成了违约或侵权。消费者可以寻求法律途径来保护自身权益。同时，标准又是一道提高市场准入度的门槛，达不到相应标准要求的产品难以进入此类产品市场，从而使企业免受伪劣产品的威胁。因此，标准不仅能保护消费者的权益，同时也为企业的生存发展提供保证。

2. 企业标准一旦升级为行业标准就会形成路径依赖

所谓路径依赖（path-dependent）就是，一种技术一旦形成标准就意味着

其应用合法性的确立，并且利用率逐渐提高，其市场地位就越趋稳固，其应用随之趋于广泛，仅而形成一种效益递增的良性循环。这种良性循环使得标准以一种对自身不断强化的趋势迅速蔓延，并直至统治整个市场。在这种情况下，即使有某种比它更先进的同类技术出现，但是由于后者晚到一步，市场已经被前者统治，在市场上也很难有容身之地。

3. 技术标准是参与国际竞争的通行证

在世界经济一体化的进程中，以技术标准为核心的技术性贸易壁垒正日益成为调节国际贸易的重要杠杆，成为最难对付的贸易障碍。国际经济竞争正逐步由传统的产品竞争、资本竞争、技术竞争演变为专利和技术标准的竞争，而技术标准则成为一种重要的产业游戏规则。制定企业技术标准、实施标准化是企业融入世界经济的重要依托。

4. 有利于降低企业生产成本，保持市场份额

技术标准是企业实施标准化的基础。企业在新产品开发研制过程中，通过对产品零部件设计实施标准化，可以在降低产品生产成本的同时确保产品的高质量；依据产品功能、用途形成不同的标准模块，在产品开发过程中将成熟的模块直接组合借用，势必提高新产品的开发速度。尤其在高新技术领域，一个技术标准往往决定了一个行业或产业的技术路线，后来进入者即使拥有新技术也必须购买已形成标准的专利，利用既定的标准沿着这条技术路线走下去，这就是全球化时代高新技术产业中所谓的"赢者通吃"竞争规则。

二、电力企业建立标准化体系的必然性

随着全球经济一体化和贸易自由化的进一步加深，中国加入 WTO 后，电力企业拥有了更大的空间和舞台参与国际竞争，但是电力企业参与竞争的条件之一就是遵循国际上现行的技术与贸易标准。同时，大量的跨国集团公司进入中国市场，也为电力企业提供了采用和制定先进技术标准的示范作用。此外，"入世"给电力企业带来了参与制定国际产业游戏规则的空前机遇。作为世贸组织的成员之一，中国电力企业有机会了解国际上相关产业发展的最新动向，参与国际标准化活动和参加国际标准的制、修订工作，从而为突破他国的技术壁垒提供了路径。

三、电力企业标准化建设中存在的问题

1. 电力企业标准化意识薄弱

由于长期受计划经济体制的影响和政府在标准制定过程中的导向作用使得许多现行电力标准与电力企业实际需求脱节，同时也造成电力企业缺乏参与标准制定的习惯和经验，由此导致电力企业标准化意识淡薄，对标准和标准化的作用认识不足，标准的实施状况差，无标生产、经营的情况在国内电力企业中屡见不鲜，而在一些具有核心技术的企业也缺乏将自主知识产权固化在标准中加以保护的意识。

2. 电力企业缺乏标准化人才

入世之前，尽管电力企业采用的标准技术含量低、实施标准化程度低，但由于有政府保护，企业尚且可以保有国内的大量市场份额，但随着入世后关税壁垒作用的减弱，电力企业将面临与国外同类企业激烈竞争的局面，因此如何吸纳、培养标准化专业人才，建立起更加严格的电力企业技术标准和实施标准化工作，来阻止别国的产品进入自己的市场，同时又能绕过技术贸易壁垒开拓国际市场，已成为电力企业亟待解决的问题。

3. 电力企业在实施标准化过程中投入不足

企业标准化体系由技术标准、管理标准和工作标准组成。而技术标准不仅是实施其他两个标准的基础，同时也是提升企业核心竞争力的关键所在，这是因为现代高技术产品的技术标准大多包含许多专利，如惠普打印机墨盒的技术标准中就有 400 多项专利，因此"标准之争"实际上就是专利之争，也是企业核心竞争力之争。而在制定企业标准的过程中，无论是采用先进的技术标准还是通过企业自行研发创建新的企业标准都需要相当数量的资金和人员投入，但目前我国大部分电力企业在这方面的投入明显不足。

4. 电力企业尚未建立完善的标准信息体系

由于在早期标准化活动中，技术创新速度较慢且技术内容相对简单，电力企业对信息的收集和处理难度相对较小，标准信息体系对电力企业的作用尚不突出。但是随着技术创新和扩散速度的加快，标准化与研发的速度也随之加快，而新标准中往往饱含着大量的新技术、新专利和绿色壁垒，因此就需要企业建立标准信息体系来加强采集、跟踪国际标准和国外先进标准以及企业目标市场标准变化的最新动态，从而及时采取应对措施以免造成企业的

重大损失。

四、电力企业标准化建设的措施建议

1. 树立"标准治企"的电力企业文化

企业的领导，特别是高层领导，应转变观念，打破计划经济下形成的"制定标准是国家行业政府部门的事情"的依赖心理，积极参与标准化活动。在电力企业中建立起标准治企的文化氛围。将标准化的思想真正贯彻到企业的具体工作中，并成为指导企业行动的重要思想。使标准化成为现代企业的运行规则、企业研发工作的基础、提高企业运作效率的重要保障。

2. 形成电力企业标准战略意图

企业技术标准战略意图是一种围绕技术标准及其内涵的技术、知识产权达到促使企业生存、发展并取得有利竞争地位的总体谋划。其内容涉及面很广，包括技术的开发决策，专利的利用，技术标准的制定、使用、管理等多方面的内容。

3. 实施电力企业标准战略

由于不同企业在技术和经济能力方面差距悬殊，所以在制定电力企业标准战略后，企业应根据其所处的行业和所拥有的内部资源、能力以及竞争对手的状况进行技术标准战略的可行性分析，来决定电力企业应采取何种标准战略。

标准战略一般可分为进攻型标准战略、防御型标准战略和引进型标准战略。采取进攻型标准战略或防御型标准战略时，电力企业一定要注意将自己知识产权捆绑到标准当中。因为只有当标准与具有排他性的专利权捆绑在一起之后，标准才具备了专利的属性，成为一种以专利技术为依托的市场垄断工具来增强企业的竞争能力。如高通公司将自己 1 400 多项技术全部申请专利并将整套解决方案申请为国际通信标准。采取引进型标准战略时企业要注意对采用标准的可行性进行分析，把握该项标准未来前景，以及企业自身是否有能力掌控该标准；同时还要弄清楚标准中哪些技术已经申请了专利，专利的适用范围、使用期限以及一些相关的专利使用规定，并尽快建立健全自己的标准体系，稳固企业进一步发展的基础。

4. 增强电力企业标准化人才建设

电力企业要成为标准制定的主体，就意味着企业要拥有一批懂得电力企业标准化建设和制定的人才。电力企业可以通过聘请国内专业标准化协会、相关研究所、WTO/TBT 通报咨询认证中心等单位标准化专家来普及标准和标准化基本常识；通过对人员进行培训、考核，确认一批标准化专家；从有关高等院校吸纳或联合培养具有较高的英语水平、渊博的专业知识的专业人才；建立标准化人员的培训基金。通过以上路径使企业拥有一批能掌握企业相关技术标准和把握产业的发展动向的高素质人才。

5. 构建标准化信息体系

构建企业信息网络，利用互联网对不同国家或专业标准化研究所的网站进行检索，及时了解企业产品目标市场的标准、技术法规、市场准入条件等方面的信息，做到心中有数。建立企业标准库，购买全套国家标准、行业标准和其他相关标准、出口认证标准，为电力企业各产品事业部提供标准信息服务。在电力企业内建立内部局域网，开辟不同栏目对国内外相关的法律、法规和标准进行通报，对标准基础知识和新标准进行培训和宣传。成立标准化办公室定期将其掌握的标准信息公告给企业各级事业部门，同时充分利用WTO/TBT 咨询点的窗口作用，收集相关的信息，了解各签约方政府、工商、经贸团体采取的技术壁垒细节，为国内企业提供服务，并及早地得到其他WTO 成员制定技术法规和合格评定的信息，使企业及早采取措施，达到对方的相关要求。

案例 4

某供电局企业标准体系建设咨询案例

一、项目背景

国网公司 2007 年"两会"报告和行政、党组两个 1 号文件精神均要求加强标准化建设，加快制定完善各类标准，健全覆盖各业务领域的标准体系，加大标准推广应用力度。建立健全标准化体系，系统推进标准化建设，全面提升标准化水平。

省公司 2008 年要求按照国网公司推进标准化建设的要求，全面开展技术标准、管理标准和工作标准体系的建设，建立健全标准体系，下达了基于流程的企业标准体系建设工作方案。在今年公司"两会"上又提出："深入推进标准化建设，在流程优化的基础上，建立健全企业标准体系。凡是适于标准化的领域一律建立和推广应用统一标准，夯实管理基础。"

该供电局是以建设运营电网为核心业务的供电企业，肩负着当地供电区的电力供应、销售服务任务，负责电网输电、变电、配电设施的建设运行和营销管理服务；承担着本地区工农业生产及居民生活用电；担负着为广大电力客户提供安全、可靠、充分、优质电能的艰巨任务。当年供电量6亿千瓦时。

随着电力体制改革的不断深化和电力市场的逐步完善，企业更加清楚地认识到搞好标准化建设，加强企业管理的重要性。要推进企业发展，必须按照企业标准体系系列国家标准的要求，应用现代管理理念、管理模式与方法，建立先进、科学、系统、一体化的新型企业标准体系。

二、问题诊断

（一）整体设计策划与实施方面存在的问题

在企业标准体系建设上，缺乏整体设计与系统策划，盲目性较大。未编制技术标准、管理标准、工作标准体系表并系统地开展工作，未将2003版的企业标准体系系列标准的文件分发到各部门单位并进行培训。标准化领导和工作机构已经建立，但标准化管理网的专兼职人员未覆盖到各职能部门和生产单位，也未能有效开展标准化工作。

（二）技术标准体系方面存在的问题

未编制系统的技术标准体系表，未组织各班组、岗位按照国网公司印发的技术标准体系表的内容识别本班组、岗位使用的技术标准。多数部门或单位、班组与岗位不知道与自己工作有关的技术标准究竟有哪些。也未建立技术标准清单，需要时盲目查找，管理无序。

对于应采用、转编的技术标准不能及时进行采编。2006年，国网公司最新印发了10个变电、线路设备管理规范及相应的管理指导意见，规定了新的技术标准，运行、检修规范，技术监督规定和预防事故措施，但本局至今未能组织完成对变电、线路设备运行、检修新规程的修编。

（三）管理标准、工作标准体系方面存在的问题

调研发现，企业的管理工作，是依据省公司的标准制度和本企业的标准制度管理运行，一方面存在大量的重复现象，另外也存在制度缺失的现象。也未按照新的规定要求，设计策划出系统的企业管理标准体系表。也存在不能严格执行管理标准或制度的现象，如变电检修工区高试班的绝缘靴、绝缘手套的绝缘试验不能按规定的周期进行，无法保证绝缘靴、绝缘手套的安全性；已经报废的试验设备在试验设备台账不做报废标识，无法辨别和追溯设备的使用或报废情况等。

过去已按照1995版企业标准要求建立了工作标准体系，但尚未通过标准化程序批准发布。从起草编写的企业标准来看，不符合2003版企业标准的要求。标准的内容也过于简单，满足不了工作上的实际需要，也未与绩效考核联系结合。

三、解决对策

（1）按照2003版企业标准体系系列标准要求，应用现代化管理理念、管理模式与方法，建立现代化的，先进、科学、完整系统的企业标准体系，将管理的过程步骤、资料记录等规范统一，实现企业标准化、规范化、科学化管理。

（2）按照"一体化"原则，将国际质量、环境，以及职业健康安全标准的要求整合一体纳入企业标准体系，满足三个标准要求，具备第三方认证条件，有效解决多项管理体系并存，管理绩效低下的问题。

（3）应用流程管理的理论方法，以流程为主线引领企业标准体系建设建立，改变传统的以职能为中心的管理模式，实现以流程为中心的管理模式，有效解决管理界面模糊，管理职责不完全明确，管理结点不清晰的弊端，消除管理壁垒。

（4）在国家电网公司技术标准体系的基础上，识别本局适用的技术标准，并与岗位相对应，便于查找和使用。

（5）按照5W2H管理思想，细化、量化标准，实现管理标准、工作标准和相关技术标准的有效结合，实现标准体系的协调性、精细化、可操作性；做到力戒形式主义，讲究实效，符合企业实际，避免脱离实际的"两张皮"现象。

（6）应用科学的危险源辨识、风险评价与控制方法，在建立标准体系的过程中，组织对所有活动、人员、设施存在的人的不安全行为、物的不安全状态、不良的工作环境、管理缺陷进行辨识、风险评价，根据辨识与评价结果，列出危险源清单和不可允许的风险清单，并针对各类风险制定相应的防范措施，建立危险源辨识结果与控制措施库。按照现场标准化作业指导书的规定要求，编写标准化作业指导书，将危险源辨识的结果与控制措施全部转化到作业过程中，以确保安全、质量的有效控制，真正做到安全生产的"可控、能控、在控"。

四、实施效果

通过项目实施建立了技术标准体系表，并收集整理了技术标准3 268个；建立了管理标准体系表，编写管理标准185个，梳理优化业务流程367个；建立了工作标准体系表，编写工作标准143个；并同步指导一个县局开展了企业标准体系建设工作。

公司职工普遍反映通过企业标准化建设工作,工作有了依据,杜绝了工作盲目性。而且随着企业标准化信息系统的应用,标准的查询、使用方便多了。

分析与思考
1. 标准化体系建设对于电力企业发展的作用是什么?
2. 列举大型电力企业标准化作业的例子。

模块四

电力企业安全意识的建立与培训

安全文化是指人类追求自身健康，社会安定，抵御自然灾害和保护人民生命财产不受意外伤害的知识，制度和组织机构的总和。根据调查显示安全意识建立与员工行为安全有如图 4-1 所示关系。

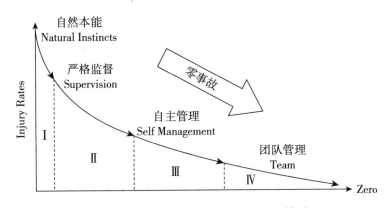

图 4-1　安全文化建设与员工安全行为模型

为了加强公司安全生产管理工作，保护全体员工的生命安全和身体健康，实现安全生产与文明生产，我们应该采取多种形式，大力宣传和普及安全文化知识，强化安全意识，提高安全素质，培养安全技能，积极营造一个和谐的安全生产环境，促进安全生产实现有序可控，基本稳定。

安全文化是安全生产的灵魂。安全文化建设是巩固安全基础的一项长期性、战略性的任务。加强安全文化建设，必须坚持以人为本、全员参与、立足当前、着眼长远的基本工作原则；必须坚持贴近安全生产实际，贴近职工生产生活的方针；必须努力在培育"安全第一"的共同价值观和解决突出问题上狠下功夫，使"安全第一"理念在职工心中深深扎根，成为每一名职工生产行为的第一需要。

单元一　安全文化概述

一、安全文化的概念

安全文化，是人类在从事生产活动中所创造的安全生产和安全生活的思想观念、行为方式、物态等的总和。企业安全文化，是企业在安全生产实践中，经过长期积淀，不断总结、提炼形成的安全理念、管理制度、群体意识和行为规范的综合反映，为全体员工所认同的安全价值观和行为准则。

二、安全文化的内涵

安全文化作为企业文化的重要组成部分，其内涵是坚持以人为本，保护员工身心健康，实现员工安全价值。安全文化是全体员工对安全工作形成的一种共识，是企业安全形象的重要标志，是凝聚员工和树立企业安全精神的强大动力，是实现安全长治久安的强大动力。

三、安全文化的作用

1) 教育作用

营造深厚的安全生产环境，引导全体员工树立牢固的安全意识，以唯物论和辩证法来看待安全生产，以发展和变化的态度来对待安全生产，坚定"一切事故都是可以预防的"安全生产理念。

2) 规范作用

规范员工安全生产行为，帮助员工克服不良习惯，强化相关安全法令、规章和规程的规范性和约束力。

3) 协调作用

以统一的安全文化准则和精神，来协调人与环境、人与设备、安全工作与其他工作等各种关系，处理各类矛盾，使安全管理系统的各个方面都能处于有序运行、和谐配合、协调发展的状态。

4) 发展作用

文化是在发展过程中进行传递和积累的，不断地提炼、发展安全文化，有利于创造出新的安全文化成果,实现在发展中对安全工作的正确认识。

5)效益作用

安全是一切工作的基础,不断提炼、发展安全文化,夯实安全基础,有利于提升企业安全管理的水平和层次,提升企业的盈利能力和核心竞争力。

四、电力企业安全理念

1. 树立以人为本的观念

坚持以人为本,打造安全文化是全面贯彻"安全第一、预防为主、综合治理"方针的新举措,是企业保障员工人身安全与健康的新探索。真正做到维护员工的利益,以员工是否满意、是否得利、是否安康稳定为标准,形成社会效益、企业利益和个人权益的多赢局面,促进企业可持续发展。因此,企业抓安全生产首先要把员工的生命安全放在第一位,当员工人身安全与企业的生产、企业的经济利益等其他方面发生冲突时应无条件地服从人的生命安全。

2. 树立安全就是企业最大效益的观念

企业只有实现安全才能确保企业稳定的生产秩序,没有可靠的安全作为屏障,企业的生产、经营、改革、发展将无法正常进行。安全是生产的前提,安全事故带来的损失是巨大的。因此要深刻认识到安全生产是企业的最大效益。

3. 形成安全工作人人有责的观念

安全不仅是企业的重要工作,而且也是每个员工的事。企业对安全工作、对员工生命的关注不仅强调生命物质存在的可贵,更应关注和关爱员工,不仅要保证员工的生命安全,更要对员工进行情感和精神关怀,使员工获得精神上的慰藉和满足,为员工提供一个本质安全的环境,使企业"人本、人权、人性、人情"的核心思想获得充分的体现。企业的每一个员工也要充分认识安全生产的重要意义,要不断提高自身安全意识,实现自我管理,保障自身和他人的安全,实现家庭幸福与企业共同发展。安全意识强的人,会严格地遵守操作规程和安全规程,正确地作业。反之,安全意识淡薄的人,则往往忽视安全、违章作业,招之事故的发生。所以,必须培养牢固的安全意识,将其作为安全文化建设的重点环节来抓。

五、电力企业安全文化与企业发展的重要性

电力企业由于改革的力度加大，厂网分开"国电公司"分为几个大的公司。从我们搞供电的"国网公司"来讲，依赖于高科技、高文化、高管理，同时也蕴藏着更大的危险性。在高科技的电力工作中，遵循"安全生产，生产必须安全"的原则，实现零事故的安全价值观正在企业中确立，也标志着我们电力企业安全文化质量和作用上了一个新台阶。安全文化与电力企业发展的关系也比其他许多企业更为突出。

（1）这是因为安全文化体系制约了企业的发展。

安全文化与企业发展的关系以下列表述；犹如电气的绝缘与导电，人体的排放与吸收。电气设备即使有强大的送电能力，若没有良好的绝缘，电能也无法输送和利用；人体消化功能一出了毛病，吃多了就有生命危险。两者互相制约，互相配合，互相矛盾，又互相统一。

电力企业安全文化属于管理文化，它包括建立加强生产流程的各种规章制度，建立人们执行这些规范的观念、意识、行为准则和价值观，实现系统本质安全。所以安全文化是解决质的问题，是一项安全系统工程，对电力企业发展将会起到制衡作用。

（2）安全文化指导企业发展。

安全文化是物质基础的产物，属上层建筑范畴。电力企业多年来在安全管理上不断加强，在措施上不断完善；员工的安全意识不断增强，安全形势向好的方向发展，安全水平不断提高。但尽管如此，队伍中习惯性违章还有屡禁不止的现象，生产和人身事故时有发生，"要我安全"变为"我要安全"的安全文化还未形成。

电力企业进行现代化管理阶段，安全文化也需得到飞跃发展，使企业安全基础牢固，效益提高，形成安全文化的特点是"我要安全""安全第一"。一份资料显示："1906年，美国一钢铁公司董事长凯利首次提出"安全第一"作为经营方针，使该公司从萧条中振兴起来，从此安全文化被提到议事日程，并推动整个世纪现代化工业企业的发展。这充分显示了安全文化对企业发展的促进作用，即上层建筑对经济基础的指导作用。

（3）安全文化是企业稳定发展的因素

代表电力生产安全的文化是人们从灾难、失败到成功、胜利过程中建立起来的优秀文化。安全文化代表新的生产力，能够哺育优秀的价值规律使其成为企业发展的重要财富。电力企业安全文化水平越高，塑造的人才就越具

有高的生产力，对社会创造的价值就越高。因此，无论是过去的"双达标""创一流""贯标认证"，还是到现在要奋斗的"国网双文明单位标兵"，可以说都抓住了企业稳定发展的因素。企业如果没有形成安全文化，缺乏稳定的安全基础，就很难成为一个稳定的企业，即使一时上去了，也难免因某个人的不安全行为而退落。

六、电力企业安全文化与市场经济的重要性

市场经济的特点之一是法制经济，因此在社会主义市场经济条件下的安全文化也具有法制文化的性质。电力企业中各种安全法规、条例、规程、标准是法制文化的表现形式，通过生产过程及市场流通，在"电"这个特殊商品中自始至终体现出来，同时又接受市场和社会检验，以适应社会主义市场经济发展。

另一方面，电力产品具有特殊性，安全指标是它的第一选择。没有安全就没有"电"这个产品。电力事故涉及面广，会引起社会反响，企业由此可能失去信誉，失去效益和凝聚力，甚至被市场淘汰。所以，安全文化对市场经济与企业导向非常重要。

首先，电力企业的生产必须坚持"安全第一"，落实"预防为主"的措施：一是掌握事故的客观规律性；二是对薄弱的环节，危险源的措施要有针对性；三是各级控制要经常性，群众性。充分发挥保证体系和监督体系的作用，建设系统安全工程，用科学和技术手段识别、控制和消除危险。狠抓人、机、料、法、环系统本质安全化，确保系统安全运行。

其次，确保电能高质量。电能质量是建立在安全基础上的一个综合指标。单纯依靠传统的行政管理已不能适应现代社会和市场经济发展需要，必须建立以安全文化为基础的安全管理模式。通过市场导向，提高职工道德规范，敬业爱岗，遵章守纪，实事求是，精益求精，精心作业，正确操作，为社会服务，为企业奉献，营造一个良好的文化氛围，使全体职工转变管理观念，使企业转变经营机制，在激烈的市场竞争中占领一席之地。

电力企业安全文化与职工关系的重要性主要表现在：

对企业来说，安全文化也是效益文化，它能协调企业的发展，增加企业的效益。

对职工来讲，安全文化是保护文化，它能促进自我约束，调理情操，把生活和生产中的危险度降到安全水平。这是因为；一是发展安全文化是维护企业职工的根本利益。据有关资料显示，近几年来虽说人身事故比七十年代、

八十年代有明显下降，但还占电力生产事故总数的 20% 之多，其中违章伤亡的占 80% 以上，这说明人们的不安全行为屡禁不止，反映了企业职工自我保护意识差，缺少安全文化，不懂得保命。下面仅举一例说明：1993 年 4 月 11 日原石码坪变电站春检时，因违章作业发生冯××触电死亡事故。事故发生后给当时的天水供电局带来了极大的不幸，全局陷入困境……大家都盯住出事的那个单位，上级怨下级，干部怨职工。可见，创建和发展电力企业安全文化，重点要放在加强人、机、料、法、环本质安全文化建设上，做到五者最佳匹配，而人的本质安全文化建设又是重中之重。

二是依靠全员建设安全文化。常见一些事故报告的原因分析中都有一条"职工安全素质不高"但仔细推敲，其根本原因还是干部安全素质不高，高层次人员的安全素质不高，电力企业相当于一个大学，厂局长相当于一个大学的校长，干部是教授、教师、学生的文化水平也取决于校长和教授、教师的水平。企业的领导和干部不了解安全文化的重要性，不知如何去提高职工的安全素质，缺乏中肯的指导，科学的立法，正确的实践，求真务实的作风，职工的安全素质不可能高。

安全文化建设工程包括基础安全文化和专业安全文化。实现这项工程必须在企业中形成全民性的梯级安全文化建设构架，运用好这些构架为企业的全方位发展将起到重要作用。

单元二　安全生产准则和规范

一、"五个说清楚"

（1）发生事故要说清楚；

（2）降低出力要说清楚；

（3）机组伴油运行要说清楚；

（4）大型设备缺陷要说清楚；

（5）燃料的采、耗、存问题要说清楚。

二、"问题管理"

（1）在管理和设备问题上，管理是主要问题；

（2）在人员和技术问题上，人员是主要问题；

(3)在领导和职工问题上,领导是主要问题;

(4)在主观和客观问题上,主观是主要问题;

(5)在内部和外部问题上,内部是主要问题。

三、安全"红、黄、白"牌

(1)安全红牌:是针对可能造成人身伤害、火灾、设备故障和交通事故,必须立即停工整改的安全隐患而下达的红色安全生产监察通知书。

(2)安全黄牌:是针对长期发展下去由于得不到及时整改可能发展或扩大为人身伤害、火灾、设备故障和交通事故,必须在短时间内限期整改的安全隐患而下达的黄色安全生产监察通知书。

(3)安全白牌:是针对一般的安全隐患、文明卫生问题,必须在限期内整改而下达的白色安全生产、文明卫生监察通知书。

四、外包队伍安全管理"五要素"

(1)没有签订安全协议不开工;

(2)外来施工人员未进行教育不开工;

(3)安全技术未交底不开工;

(4)高危作业未制定安全施工方案和措施不开工;

(5)没有履行好许可手续不开工。

五、事故处理"四不放过"原则

(1)事故原因未清楚不放过;

(2)责任人员未处理不放过;

(3)整改措施未落实不放过;

(4)有关人员未受到教育不放过。

六、"两票三制"制度

两票三制:是电力安全生产保证体系最基本的工作制度,是电力企业保人身、电网和设备的重要手段和措施。任何人为的责任事故,均可在其"两票三制"的执行上找到原因。

两票:工作票、操作票。

三制:交接班制度、设备定期试验及轮换制度、巡回检查制度。

案例:2004年4月13日,×县电力局组织10kV敖背线前窝支线5号杆缺陷处理。工作负责人杨××安排王××、乔××拉开敖背线33号杆前窝支线T接处跌落保险熔断器，但王××、乔××却来到敖背线31号杆太和寺支线处拉开了太和寺支线跌落保险熔断器，然后王××、乔××来到前窝支线5号杆，杨××在线路未经验电、未挂接地线的情况下，安排乔××登杆，王××负责地面工作。当乔××登杆到工作位置开始工作时，触及C相导线触电，经抢救无效死亡。

（一）事故主要原因

（1）在现场无安全技术措施情况下，登杆作业触及带电设备，发生触电。

（2）停电操作时，未核对作业内容和设备双重编号、位置，从而导致停错线路。

（3）无票作业，违章指挥。工作负责人违反《安全生产准则和规范》的相关规定，组织消缺工作不使用工作票、操作票情况下，不得安排工作人员进行停电，未做好安全措施不得安排人员登杆作业。

（二）暴露出的问题

（1）"二票三利"制度执行不到位，作业前不布置安全措施。

（2）作业人员安全意识淡薄，缺乏自保意识，违反了《安全生产准则和规范》的相关规定，在现场没有采取安全措施的情况下没有拒绝登杆作业。

（三）防范措施

（1）认真落实现场勘查制度，分析作业中可能存在的危险点并制定预控防范措施。

（2）按照规定使用和办理工作票手续。

（3）工作前认真核对作业内容、设备双重编号和位置。

（4）严格落实现场安全技术措施。

七、三级安全教育

三级安全教育，是指企业新职工上岗前，必须进行的公司级安全教育、部门级安全教育和班组级安全教育。

《企业职工劳动安全卫生教育管理规定》明确规定：企业新职工应按规定通过三级安全教育，并经考核合格后方可上岗。三级安全教育不得少于40学时。

各工程承包单位新进公司务工人员必须经过三级安全教育，并经考核合格后方可进入现场工作。

八、四不伤害

不伤害自己，不伤害他人，不被他人伤害，保护他人不受伤害。

九、三不动火

没有批准动火票不动火；安全防护措施不落实不动火；监火人不在场不动火。

十、安全作业"三原则"

（1）无论有电无电，一律视为有电对待；
（2）无论有毒无毒，一律视为有毒对待；
（3）无论有压无压，一律视为有压对待。

十一、非计划停运

（一）概念

非计划停运：指设备处于不可用而又不是计划停运的状态。
对于机组，根据非计划停运的紧迫程度分为以下5类：
（1）第1类非计划停运：机组需立即停运或被迫不能按规定立即投入运行的状态（如启动失败）。
（2）第2类非计划停运：机组虽不需立即停运，但需在6小时以内停运的状态。
（3）第3类非计划停运：机组可延迟至6小时以后，但需在72小时以内停运的状态。
（4）第4类非计划停运：机组可延迟至72小时以后，但需在下次计划停运前停运的状态。
（5）第5类非计划停运：计划停运的机组因故超过计划停运期限的延长停运状态。
上述第1~3类非计划停运状态称为强迫停运。

（二）防止"非计划停运"的主要手段

防止"非计划停运"的主要手段包括：
（1）以零事故保零非停；
（2）精细管理执行到位；

（3）超前预控消灭隐患；
（4）建立体系严防非停；
（5）措施严谨安排周密；
（6）消除缺陷运筹在前；
（7）做好预案有备无患。

十二、危险点

危险点是指在作业中有可能发生危险的地点、部位、场所、工器具和行为动作等。它包括三个方面：人、机、环，可概括分为：人的不安全行为，指作业人员在作业中违反安全工作规程，随心所欲地操作；机的不安全状态，指有可能造成危害的机器设备等；环境的不安全因素，指有可能造成危害的作业环境。

危险点呈现的特点包括客观存在性、潜在性、复杂性和多变性等。分析排查危险点应具备以下"四性"：

（1）行为的自觉性；
（2）分析的科学性；
（3）思想的预见性；
（4）工作的实践性。

十三、安全检查"五查"原则

安全检查"五查"原则是指，检查内容以查领导、查思想、查管理、查规程制度、查隐患为主，对所查出的问题要制定整改计划并监督实施。

十四、春季安全检查注重"五查"

春季安全检查注重以下"五查"：
（1）查安全思想教育的落实；
（2）查各级安全生产责任制的落实；
（3）查现场管理；
（4）查安全规程的落实；
（5）查安全隐患，整改工作是否落实；查防暑降温迎峰度夏存在的问题，人员设备有哪些薄弱环节；查沿江围堤是否有渗漏孔洞；查排涝房设施是否完好，下水道是否畅通；查屋顶天沟有无阻塞，屋面是否漏雨；查设备是否受到雨水侵袭。

十五、秋季安全大检查着重做好"五防"

秋季安全大检查着重做好以下"五防":
防火、防爆、防冻、防污闪、防小动物。

十六、电气操作应坚持的步骤

(1)接受任务,弄清目的;
(2)写票审核,签名批准;
(3)核对实物,使用标牌;
(4)唱票预演,逐项执行;
(5)调整汇报,记录入簿。

案例:2004年4月11日,×县公司职工王××未经请示,擅自到其管辖的村内1号配变台架上安装电能表。他在无人监护的情况下,拉开配变跌落保险后,未采取其他相应的安全措施,便登上变台电杆作业。但在工作中头部不慎触及带电的10kV高压引线,触电身亡。

(一)事故主要原因

(1)无人监护,未采取任何安全措施就登杆作业;工作中未与10kV高压引线保持安全距离。
(2)无票作业。违反《安全生产准则和规范》2.3.2的相关规定,未使用第一种工作票,安全措施未落实。
(3)未进行验电、装设接地线。违反《安全生产准则和规范》7.1.3的相关规定。

(二)暴露出的问题

(1)作业现场习惯性违章严重,未经许可擅自从事电气作业;工作无人监护,单人作业;没有采取必要的安全技术措施。
(2)安全意识淡薄,作业人员在不能确保人身安全的情况下,登杆作业。

(三)防范措施

(1)提前勘查现场,办理派工单和第一种工作票。
(2)进行危险点分析、预控,工作前进行安全交底,并在作业中注意防范。
(3)进行停电操作,并在工作地段验电、装设接地线;与带电设备保持安全距离，当距离小于0.7米时，应使10kV的设备断电。

（4）设立专责监护人，全程监护。

十七、发布操作任务要"二交一查"

"二交"：一交操作目的和要求；二交操作中的安全注意事项。

"一查"：查对设备。

接受任务时要复诵无误，目的要一清二楚。

十八、监护复诵制

操作时，由监护人按操作票顺序高声唱票（操作人应同时看好操作票上的唱票内容），操作人复诵，并用指点应操作的部件做假动作预演手续。监护人认为无误后发布允许操作的口令"对、执行"，然后操作人执行实际操作。每一项执行后，监护人应核对设备情况，并在操作票该项目打"√"记号，监护人在勾票后方可唱读下一个项目。

十九、电气"五防"措施

凡在可能引起误操作的高、中压设备上装设好防误装置，防误装置应可以实现以下功能（简称"五防"）：

（1）防止误分、误合断路器（以下简称开关）；

（2）防止带负荷拉、合隔离开关（以下简称刀闸）；

（3）防止带电挂接地线或合接地刀闸；

（4）防止带地线合开关或刀闸；

（5）防止误入带电间隔。

二十、电气设备上安全工作的技术措施

（1）停电；

（2）验电；

（3）接地；

（4）悬挂标示牌和装设遮栏（围栏）。

案例：2004年7月21日，×县电业局供电所负责人李××安排电工王××（当天该人到单位请假结婚，身穿短袖上衣和七分裤，脚上穿着拖鞋）、袁××为一用户改线并安装电能表。两人未办理工作票即赶到现场，经协商分工，王××负责拆旧和送电，袁××负责安装电表。袁××说，你在作

业前一定要先把电源线断开后再工作，王××答应一声就走开了。他们在没有明确工作负责人和监护人的情况下，分头开始工作。王××站在离铁质的梯子约 1.8 米处拆旧和接线，并用验电笔找出零线和火线。当他先将零线接好，再用带绝缘手柄的钳子剥开火线线皮时，左手不慎碰到带电的导线上，经抢救无效死亡。

（一）事故主要原因

（1）王××在从事低压间接带电作业时，违反了《安全生产准则和规范》8.11.2 的相关规定，未穿绝缘鞋，未戴手套，未按照规定着装。站在导电良好的金属梯子上进行作业，在用带绝缘手柄的钳子剥开火线线皮时，握线的左手碰到了剥开绝缘层的带电导线上，但因他着装及个人安全防护不符合要求，身体—金属梯子—大地形成了导电回路，从而触电死亡。

（2）在无人监护的情况下从事低压间接带电作业，违反了《安全生产准则和规范》8.11.1 的相关规定。

（3）无票作业。违反了《农村低压安全生产准则和规范》5.1.3 的相关规定，工作负责人不明确，危险点不清楚，现场安全措施落实不到位。

（二）暴露出的问题

（1）安全管理松懈。安排工作时未指定工作负责人，工作中无人监护，未办理工作票。

（2）安全意识淡薄。对作业人员着装管理不严，从事低压间接带电作业时，使用了金属梯子。

（3）作业人员对低压间接带电作业的风险认识不足，在未采取任何安全措施的情况下，冒险作业。

（三）防范措施

（1）低压间接带电作业应办理低压第二种工作票，并指定现场安全措施。

（2）低压间接带电作业所使用的工器具带有绝缘手柄，其外露的导电部分应采取绝缘措施。

（3）工作人员应按照规定着装，使用合格的劳动防护用品。当登高作业时，应使用绝缘梯子。

（4）严格执行工作监护制度。

二十一、安全用电"十不准"

（1）任何人不准玩弄电气设备和开关；

（2）非电工不准拆装、修理电气设备和用具；

（3）不准私拉乱接电气设备；
（4）不准使用绝缘损坏的电气设备；
（5）不准使用电热设备和灯泡取暖；
（6）不准擅自用水冲洗电气设备；
（7）熔丝熔断，不准调换容量不符的熔丝；
（8）不准擅自移动电气安全标志、围栏等安全设施；
（9）不准使用检修中的电气设备；
（10）不办手续，不准打桩动土，以防损坏地下电缆。

二十二、非工作人员，不准在下列场合逗留或通过

（1）正在起吊物件的现场；
（2）正在高空作业的场所；
（3）正在进行X光、超声波探伤检查的现场；
（4）正在进行试压、试爆工作的现场；
（5）发生事故的现场。

二十三、化验室安全"八不准"

（1）不准将易燃液体倒在地上；
（2）废气不能排在室内；
（3）不准私自动火和用明火加热、分析药品；
（4）不准将水倒入酸中，不能用嘴吸液体；
（5）不准使用化验器皿喝水或盛装食品；
（6）不准私自修理电气设备；
（7）不准涂改原始记录；
（8）遵守各项安全规程，严禁违章操作。

二十四、重大缺陷特级护理

对于影响机组安全经济性的重大设备缺陷，检修人员应在24小时连续消缺，消缺过程必须严格遵守公司《重大设备缺陷管理制度》，做到方案措施正确，操作、监护人员到位，执行流程规范、标准。对于暂时无法处理的重大设备缺陷，应采取必要的临时措施，制定相应的应急预案，加强日常巡查点检，必要时应对相关设备实行特级护理管理，以防止设备缺陷进一步扩大，从而确保机组及人身安全。

二十五、班组安全管理"十字法"

1)"学"
组织班组成员学安全法规、安全知识、安全技能。

2)"严"
工作上严密、态度上严肃、标准上严格、行为上严谨。

3)"查"
查现场设备的运行状况，查班组成员的安全思想动态，查安全生产中各种不安全因素。

4)"准"
个人工作有标准，作业行为有准则。

5)"细"
安全责任制上详细，规章制度上严细，操作标准上精细。

6)"防"
强化超前防范意识，消除人的不安全行为和设备的不安全因素，在班组安全活动中构筑起自保互保的安全防线。

7)"全"
坚持全面预控及管理，针对人与设备、人与环境、环境与设备的安全状况进行分析与预控，处理好三者与事故产生的关联，从而达到安全生产的目的。

8)"实"
将安全预控措施落实到实处，将生产岗位责任制落实到个人。

9)"快"
对于上级关于安全工作的指导精神传达要快；发现隐患整改要快；对违章人员制止、批评、教育要快；安全生产情况上报要快。

10)"多"
在安全生产活动中，要多一些查看、多一项措施、多一处预防、多一点提醒。

二十六、交接班时要做到"三交清"，并坚持"五不交接"

交班时要做到"三交清"，即口头交、书面交、现场交；
交接班时应坚持"五不交接"，即
（1）为下一班的准备工作未做好不交接（如启、停炉，开、停机，并、解列等工作未告一段落）；
（2）当班发生异常现象或设备有故障未处理好或记录交待不清不交接；

（3）公用工具、资料不齐全不交接（有关专用工具、钥匙、图纸、技术措施等）；

（4）清洁工作未按规定范围和要求做不交接；

（5）上级命令通知意图不清楚不交接。

二十七、杜绝习惯性违章行为现象

（1）进入生产现场不按规定着装。

（2）进入生产现场不戴安全帽，未扣好带子。

（3）操作不认真，操作漏项或操作不该操作的设备。

（4）设备检修时不按规定办理工作票，或工作票中组织、技术措施流于形式。

（5）检修人员擅自扩大检修工作范围，去附近设备上工作。

（6）电气检修中途换人，不熟悉检修内容和范围。

（7）倒闸操作时未填写和执行操作票；现场操作时，不复诵或复诵不清；监护人不监护，与操作人一起操作或离岗从事其他活动。

（8）电气操作时不使用绝缘工、用具，雨天巡查室外电气设备时不穿绝缘鞋。

（9）使用电气工具时，不带绝缘手套或使用有缺陷的电气工具。

（10）直接将导线塞在插座中或缠在刀闸上送电。

（11）使用不合格的行灯。

（12）在禁火区域内，不办理动火工作票便进行动火作业。

（13）在高处作业时，不系安全带或使用不合格的安全带。

（14）作业中没有使用无防滑橡皮的梯子，没有正确的使用梯子。

（15）孔洞盖板掀起后，未在孔洞周围装设遮栏和警告标志。

（16）高处作业时，上下投掷、传送工具和材料。

（17）氧气瓶与乙炔瓶同车运送，且两者不按规定距离放置。

（18）将运转中设备的防护罩或遮拦打开，或将手伸入遮拦内，戴手套或用抹布缠在手上对转动部分进行清扫或其他工作。

（19）戴手套抡大锤，使用风焊和砂轮机时不戴防护眼镜。

（20）在皮带运行中清理滚筒上的粘煤。

（21）起行运输煤系统前，没有进行联系，也未启动警告铃。

（22）在皮带上站立或跨越皮带。

（23）跨越卷扬机等设备的钢丝绳。

（24）无驾驶证人员开车，或酒后开车。

（25）违章强行超车。

（26）出车前没有检查车况或车况有问题时没有处理好便自行开车。

（27）不按指定地点停放车辆。

二十八、严禁动火作业的情况

（1）油船、油车停靠的区域；

（2）压力容器或管道未泄压前；

（3）存放易燃、易爆物品的容器未清理干净前；

（4）风力达5级以上的露天作业；

（5）喷漆现场；

（6）遇有火险异常情况未查明原因和消除前。

二十九、登高作业"十不登"

高处作业的定义：凡是在高于基准面2米及以上的高处进行的作业，都应视为高处作业。

（1）患有登高禁忌症者，如患有高血压、心脏病、贫血、癫痫等的人员不登高；

（2）未按规定办理高处作业审批手续的不登高；

（3）没有戴安全帽，系安全带，不扎紧裤管和无人监护时不登高；

（4）暴雨、大雾、六级以上大风时，露天不登高；

（5）脚手架、跳板不牢不登高；

（6）梯子撑脚无防滑措施不登高；

（7）穿着易滑鞋和携带笨重物件不登高；

（8）石棉瓦和玻璃钢瓦片上无牢固跳板不登高。

（9）高压线旁无遮栏不登高；

（10）夜间照明不足不登高。

案例： 2005年9月9日，×县供电局对新报装客户的线路进行放线施工。电杆已经于8月23日由工作负责人兰××、专职电工厉××等人竖立完毕。当天任务是5~8号杆耐张段的放线、紧线工作。兰××为工作负责人，当放完第一根导线，尚未开始紧线时，由于6号杆（10米电杆）埋深严重不足，仅埋0.65米，发生了倒杆，所以在杆上作业的厉xx随杆倒下，经抢救无效死亡。

（一）事故主要原因

（1）电杆埋深未按照技术标准进行施工，稳定系数达不到技术规程的要求，从而导致倒杆事故。

（2）死者厉××缺乏自我保护意识。厉××参与了6号杆的竖立工作，知晓该电杆埋设深度严重不足，但仍冒险登杆作业。

（3）管理缺失、不到位。工作负责人兰××缺乏责任心，明知该电杆坑深度不够，不采取加固补强措施，仍组织放线紧线工作。

（二）暴露出的问题

（1）工程质量把关不严，没有及时发现隐蔽工程的隐患。

（2）作业人员风险认知与防范能力缺乏，没有意识到电杆埋深不够时登杆作业可能会发生倒杆危险。

（三）防范措施

（1）组织勘查进行施工的现场，制定针对性的安全技术措施。

（2）立杆过程中发现出现满足不了电杆埋深要求的地质条件，要及时调整施工方案，履行新的技术措施。

（3）加强对作业现场质量监督的检查，及时发现并解决施工质量隐患。

三十、起重作业"十不吊"

（1）指挥信号不明或乱指挥不吊；

（2）物体重量不清或超负荷不吊；

（3）斜拉物体不吊；

（4）吊物上站人或有浮置物不吊；

（5）工作场地昏暗，无法看清场地，被吊物及指挥信号不明不吊；

（6）工件埋在地下不吊；

（7）重物棱角处与吊绳之间未加垫衬不吊；

（8）工件捆绑、吊挂不牢不吊；

（9）吊索具达到报废标准或安全装置失灵不吊；

（10）重物越过人头不吊。

三十一、煤船清仓"六不清"

（1）安全注意事项不交待不清仓；

（2）船舱内有人不清仓；

（3）抓斗活动范围内有人不清仓；

（4）能见度低时不清仓；
（5）清仓人员不戴安全帽不清仓；
（6）清仓人员酒后工作不清仓。

三十二、下班离岗前应进行的"八查"

（1）开关（电闸）要接下或断开；
（2）门窗要关严、上锁；
（3）热源处不要堆放易燃、易爆物品；
（4）易燃、易爆物品不得超量存放，要通风良好；
（5）怕光照、雨淋的物品要遮盖挡好；
（6）各种用具要清点后收齐、放好；
（7）火种要妥善处理好；
（8）未完成工作要交底并记录好。

三十三、安全警句

1. 警钟长鸣

条条规章血写成，人人必须严执行。
违章作业等于自杀，违章指挥就是杀人。
违章蛮干不是勇士，遵章守纪绝非懦夫。
领导不把表率做，安全生产定砸锅。
半分疏忽生事端，一丝不苟保安全。
简化作业痛快一阵子，酿成事故痛苦一辈子。
凭侥幸，要大胆；出事故，后悔晚。
一人违章，众人遭殃。隐患不除，危机四伏。
严是生命的呼唤，松是自杀的开端。
当安全教育鸣金收兵之际，便是事故偷营劫寨之时。
羊圈一破狼就钻，制度一松事故欢。
安全来自长期警惕，事故源于瞬间麻痹。
讲安全时闭上眼，出事故时傻了眼。
不讲卫生要生病，不讲安全要送命。
炸弹的脾气一引就爆，事故的性格一松就冒。
分析事故走过场，扯了枝叶留下根。

忽视安全抓生产是火中取栗，脱离安全求效益是水中捞月。
安全生产全家福，出了事故全家苦。

2. 哲理启示

小洞不补，大洞难堵；隐患潜伏，事故难除。
严是爱，松是害，马马虎虎是祸害。
没有规矩不成方圆，没有制度难保安全。
上梁不正下梁歪，中梁不正倒下来。
蚁穴溃长堤，隐患招大祸。
愚者以流血作为教训，智者以教训制止流血。
骄傲出于浅薄，鲁莽出自无知。
隐瞒一次事故隐患，等于埋下定时炸弹。
绊人的桩不在高，违章的事不在小。
大事化小教训难找，小事化了后患不少。
管理基础打得牢，安全大厦层层高。
事故隐患如水下暗礁，规章制度似行船航标。
天下难事做于易，天下大事做于细。
要想把好安全关，思想工作要领先。
宁烦十次保安全，不省一事去冒险。
安全思想不牢靠，事后难买后悔药。
安全来自严谨，事故出于松散。

3. 联劳协作

安全工作要搞好，联劳协作是个宝。
众人防范不嫌多，一人麻痹要砸锅。
万众一心，众志成城；处处设防，事故难逞。
众人拾柴火焰高，人人把关基础牢。
一人安全孤单单，众人安全金灿灿。
人人把关安全好，处处设防漏洞少。
一人把关一处安，众人把关稳如山。
宁为安全操碎心，不让事故害人民。
宁流一身汗，不流一滴血。
宁为安全憔悴，不为事故流泪。
抓安全坚定不移，管安全理直气壮。

在岗一分钟，安全六十秒。

4. 知心话语

高高兴兴上班，愉愉快快工作，平平安安回家。
上有老，下有小，出了事故不得了。
与其事故后哭断肠，不如事故前早预防。
违章蛮干铸成终身遗憾，遵章守纪伴你一生平安。
事故害人害己，安全利国利民。
与其为昨天的失职而痛苦，不如用今天的尽职来弥补。
唠唠叨叨为你好，千叮万嘱事故少。
安全在于心细，事故出在大意。
班前没有休息好，事故专门把你找。
困难欺软人，事故找懒人。
快刀不磨会生锈，安全不抓出纰漏。
毛毛细雨湿衣裳，小事不防上大当。
良药苦口利于病，忠言逆耳利于行。
安全不好活不了，效益不好活不好。
生命与安全一线牵，安全与幸福两相连。
爱妻爱子爱家庭，不守规程等于零。
一身安危系全家，全家幸福在一人。
安全警钟长鸣，幸福伴君同行。
回避事故隐患，等于放虎归山。
省工省劲一阵子，事故害你一辈子。
严为安全之本，松为事故之源。
安全法规血写成，违章害己害亲人。
事故在瞬间发生，安全从点滴做起。
不顾安全只图快，人身设备遭危害。
心中多一点警惕，家里少一分担忧。
千忙万忙，安全莫忘。

5. 规律探秘

责任心是安全之魂，标准化是安全之本。
心中有了规章，遇事不会惊慌。
鱼恋鱼，虾恋虾，违章与事故结亲家。

做事不靠众，累死也无用。
山雨欲来风满楼，事故发生有兆头。
绳子总在最脆弱处断开，事故易在"关键人"中发生。
斩草要除根，安全须治本。
有备，安全保险；无备，事故难免。
吃饭防噎，登高防跌。
与其事后痛心疾首，不如事前细心把守。
事前不预防，出事徒悲伤。
防患未然能主动，防微杜渐少过失。
纵然千日无事故，不可一日稍马虎。
打井防旱，查岗防患。
不怕千日紧，只怕一时松。
有一万的把握，也要做防万一的准备。
苍蝇专叮有缝蛋，事故专找蛮干汉。
有章不循闯大祸，事故早晚找上门。
谨慎小心是安全的保险带，麻痹大意是事故的导火索。

单元三　安全制度建设

电力安全事故案例

1. 江西省火电建设公司分包单位较大人身伤亡事故

2013年4月30日，江西省火电建设公司分包单位（山东东方腾飞安装工程有限公司），在华能海南东方电厂#2机组锅炉施工现场，发生一起较大人身伤亡事故。此前的4月26日，江西省火电建设公司东方项目部技术科长向腾飞公司交付了《散件刚性梁安装作业指导书》，并做了技术交底。4月30日，根据江西省火电建设公司东方项目部安排，腾飞公司进行前水冷壁中部刚性梁吊装工作。16点左右，由起重工指挥吊车开始起吊刚性梁组合件，组合件重18.4吨。17点左右，吊到就位高度，用5个5吨、2个3吨的链条葫芦接钩。在接钩和就位过程中，共有7名作业人员站在上部刚性梁上拉葫芦，其中2人安全带挂在上部水冷壁葫芦链条上，5人安全带挂在起吊刚性梁的链条葫芦上，由一人统一指挥，协调葫芦提升。19点35分左右，刚性梁左侧第一个5吨链条葫芦上部钩子突然断裂，其余6个吊点的链条葫芦也相继断裂，从而导致刚性梁组件坠落。因此安全带挂在起吊刚性梁组件的链条葫芦上的5人随着一起下落，安全带挂在上部水冷壁葫芦链条上的2人被安全带吊在空中。事故最终造成4人死亡，1人重伤，2人轻伤。

事故原因分析

一是山东东方腾飞安装工程有限公司施工人员违反《电力建设安全工作规程》的规定，即"两台及两台以上链条葫芦起吊同一重物时，重物的重量应不大于每台链条葫芦的允许起重量"，但他们使用5个5吨、2个3吨的链条葫芦起吊18.4吨的刚性梁组合件；二是现场施工人员违反《电力建设安全工作规程》，没有正确使用安全防护用具，将安全带挂在起吊刚性梁组合件的链条葫芦上；三是江西省火电建设公司东方项目部和江西诚达监理公司对分包单位施工技术方案审查不严格，安全管理和监督不到位。

2. 东北齐齐哈尔超高压局高处坠落人身死亡事故

2013年5月8日至15日，东北齐齐哈尔超高压局送电工区按计划进行500kV冯大Ⅰ号线更换绝缘子作业。5月12日，第三作业组负责人带领八名作业人员，进行103号塔瓷质绝缘子更换为合成绝缘子工作。塔上两名作业人员邢某某、乌某在更换完B相合成绝缘子后，准备安装重锤片。邢某某首先沿软梯下到导线端，14时16分，乌某在沿软梯下降的过程中，从距地面33米高处坠落，送医院经抢救无效死亡。

1）事故原因分析

一是作业人员沿软梯下降前，安全带保护绳扣环没有扣好、没有检查，发生了脱扣。二是在沿软梯下降过程中，没有采用"沿软梯下线时，应在软梯的侧面上下，抓稳踩牢，稳步上下"的规定操作方法，而是手扶合成绝缘子脚踩软梯下降，从而造成不慎坠落。三是工作负责人没有实施有效监护，没有及时纠止违规的下梯方式。

2）事故暴露问题

一是人员违章问题突出，作业人员在工区对软梯使用方法有明确规定的情况下，仍然使用过去惯性的做法，表现出对规定和要求的漠视，暴露出反违章工作开展不力；二是教育培训针对性和实效性不强，员工实际操作技能较差，基本技能欠缺；三是安全意识和风险意识不强，对沿软梯上下的风险估计不足，在作业指导书和技术交底过程中，都没有强调软梯的使用。

3. 湖南省常德电业局触电人身死亡事故

2013年5月15日,湖南省常德电业局电厂留守处,按计划对110kV桃源变,进行10kV Ⅱ段部分设备年检,办理了第一种工作票,主要工作任务为:10千伏314、312、308、306、302开关柜小修、例行试验和保护全检等工作,3×24TV(电压互感器)本体小修和例行试验等工作。当天8时30分,运行人员操作完毕,布置好安全措施,许可开工。8时40分左右,工作负责人向现场9名工作人员进行工作交底,随后开始10kV Ⅱ段母线设备年检作业。按照作业指导书分工,开关班四人进行开关检修工作,其余人员进行高压试验和保护检验工作。工作开始后,工作负责人安排开关班成员刚某(死者)进行314小车清扫,其余一人进行312间隔检修,一人到屏后用开关柜专用内六角扳手打开302、306、308、312、3145个间隔的后下柜门,一人在屏后进行柜内清扫,随后工作负责人回到屏前向高压试验人员交代相关工作。当负责打开后柜门的人员将下柜门打开后,把专用扳手随手放在312间隔的后柜门边的地上,到屏前协助检修312间隔。刚某清扫完314小车后,自行走到屏后,移开拦住3×24TV后柜门的安全遮拦,用放在地上的专用扳手卸下3×24TV后柜门2颗螺丝,打开后柜门准备进行清扫。9时06分,开关柜内带电母排B相对其放电,9时38分,刚某经抢救无效死亡。

1)事故原因分析

(1)是刚某在未经工作负责人安排或许可的情况下,自行走到屏后,擅自移开3×24TV开关屏后所设的安全遮拦,无视3×24TV屏后门上悬挂的"止步,高压危险"警示,打开3×24TV后柜门,造成触电。

(2)是工作负责人班前交底有遗漏,对工作票上的"3×24TV后门内设备带10kV电压"漏交待,并对现场工作人员监护不到位。

(3)是工作票签发人没有针对屏前和屏后均有工作的情况,增设相应的监护人。

(4)是3×24TV开关柜"五防"闭锁功能不完善,没有采取相应的控制措施,不能起到防止误入带电间隔的作用。

2)事故暴露问题

一是现场作业组织混乱,对于多小组、多地点的作业,没有明确小组负责人的安全职责或根据现场实际增设监护人,作业过程中工作人员失去监护。工作开工前交底走过场、形式化,对作业风险、危险部位、人员分工等交待不仔细,不明确。二是标准化作业流于形式,作业指导书针对性不强,风险辨识照抄范本，对带电部位和"五防"功能不全等风险缺少相应的辨识和控制措施。三是专用操作工具使用管理制度不完善，检修人员可以随时取用专用扳手，随意打开后柜门。四是安全教育培训不到位，员工安全意识淡薄。五是反违章活动和隐患排查治理组织落实不力，现场存在严重违章行为、装置隐患和管理隐患。

从上面的案例中可以看出，电力企业安全管理是电力企业文化的一部分，企业安全管理制度的建立是国家各项安全生产法律、法规、规范、标准在企业的延伸和细化。因此，建立健全安全管理制度必须遵循三个基本原则，即科学性、可行性和现实性。也就是说，电力企业制定的安全管理制度，既要有科学依据，又要有可操作性，还要符合企业的实际情况，满足劳动者的安全需要。

1. 安全生产管理体制

安全生产管理体制包括国家监察、地方监管、企业负责、群众监督、劳动者遵章守纪。

其中企业负责就是说企业管理生产的同时，必须管安全。企业从创建、生产准备到生产过程的全过程都要保证人员、设备、环境的安全，不能只讲经济效益，而忽视安全。

劳动者遵章守纪就是要求每个职工自觉遵守安全生产的有关法律规章，以及本行业的规章制度。

2. 安全生产

概括地说，安全生产是为了使生产过程在符合物质条件和工作秩序下进行的，防止发生人身伤亡和财产损失等生产事故，消除或控制危险、有害因素，保障人身安全与健康，设备和设施免受损坏，环境免遭破坏的总称。

3. 安全生产"五要素"

安全生产"五要素"是指安全文化、安全法制、安全责任、安全科技和安全投入。

（1）安全文化，即安全意识，是存在于人们头脑中，支配人们行为是否安全的思想。

（2）安全法制，是指安全生产法律法规和安全生产执法。主要内容包括：宣传和学习《安全生产法》及配套的法规和安全标准，同时企业要结合实际建立和完善安全生产规章制度。

（3）安全责任，主要是指搞好安全生产的责任心。主要含义有两层：企业是安全管理的责任主体，企业法定代表人、企业"一把手"是安全生产的第一责任人；各级政府是安全生产的监督管理主体，具有监管责任。

（4）安全科技，是指安全生产科学与技术。主要内容包括：企业要采用先进、实用的生产技术，组织安全生产技术研究开发。

（5）安全投入，是指保证安全生产必需的经费。企业是安全投资主体，要按规定从成本中列支安全生产专项资金，加强财务审计，确保专款专用。

4. 安全生产管理

安全生产管理是管理的重要组成部分，所谓安全生产管理，就是针对人们在生产过程中的安全问题，运用有效的资源，发挥人们的智慧，通过人们的努力，进行有关决策、计划、组织和控制等活动，从而实现生产过程中人与机器设备、物料、环境的和谐，达到安全生产的目标。安全生产管理包括安全生产法制管理、行政管理、监督检查管理、工艺技术管理、设备设施管理、作业环境和条件管理等。

5. 公司安全生产管理制度

公司安全生产管理制度主要包括安全生产责任制、安全培训教育制度、安全生产检查制度、安全会议制度、安全投入制度、安全生产奖惩制度、隐患治理管理制度、安全设施管理制度、防火防爆管理制度、作业现场的管理制度，等等。

6. 安全生产责任制

（1）安全生产是关系国家和人民群众生命财产安全的大事，落实安全生产责任制是做好安全工作的关键。

（2）公司、部门行政"一把手"是安全生产第一责任人，各级领导要贯彻"谁主管，谁负责"的原则，必须在各自的工作职责范围内，对实现安全生产负责。

（3）安全生产人人有责，有岗必有责，公司的每一个职工必须在自己的岗位上履行各自的安全职责，实现全员安全生产责任制。

（4）车间主任安全职责。

①车间主任是车间的安全负责人，对车间安全工作负全面责任，认真贯彻执行各项安全生产法规、制度和标准，支持安全员的工作，做到"五同时"。

②对车间职工进行正常性的安全生产教育，组织车间的安全活动，对新工人或代培人员进行二级安全教育，并组织考核。

③组织有关人员制订或修订车间的安全生产管理制度和安全技术规程,并认真贯彻执行。

④充分发动职工开展定期、不定期的安全大检查,确保设备、安全装置、防护设施处于完好状态,发现隐患积极组织整改,车间无力整改的要采取临时安全措施,及时向公司汇报。

⑤定期召开安全生产会议,认真总结推广安全生产经验。

⑥对本单位发生的事故要及时报告,负责查明原因,采取措施,并对安全生产有贡献或事故责任者提出奖惩意见,报上级部门批准。

⑦加强劳动保护和防火、防爆管理,教育职工妥善保管并合理使用防护器材。

⑧按时组织编写与实现安全技术措施计划,不断改善职工的劳动条件。

⑨每周组织一次全车间安全检查并落实隐患整改,保证生产设备、安全装备、消防设施、防护器材和急救器具等处于完好状态。

⑩建立健全车间干部值班制度,做到24小时现场有人管生产,管安全。

车间副主任在车间主任指定的工作范围内对安全生产负责。

(5)班组长安全职责。

①贯彻执行公司和车间对安全生产的指令和要求,全面负责本班组的安全生产。

②组织职工学习并贯彻执行公司、车间各项安全生产规章制度和安全技术操作规程,教育职工遵章守纪,制止违章行为。

③组织并参加安全活动,坚持班前讲安全、班中查安全、班后总结安全。

④负责对新工人(包括实习、代培人员)进行岗位三级安全教育。

⑤负责班组安全检查,发现不安全因素应及时组织力量消除,并报告上级。发生事故应立即报告,并组织抢救,保护好现场,做好详细记录,参加事故调查、分析、落实防范措施。

⑥搞好生产设备、安全装备、消防设施、防护器材和急救器具的检查维护工作,使其保持完好和正常运行。督促教育职工合理使用劳动保护用品、用具,正确使用灭火器材。

⑦搞好班组安全生产竞赛,表彰先进,总结经验。

⑧抓好班组建设,提高班组管理水平。保持生产作业现场整齐、清洁,实现文明生产,并做好班组的思想政治工作。

(6)工人安全职责。

①认真学习和严格遵守各项规章制度,不违反劳动纪律,不违章作业,

对本岗位的安全生产负直接责任。

②精心操作，严格执行工艺纪律，做好各项记录。交班必须交接安全情况，交班要为接班创造安全生产的良好条件。

③正确分析、判断和处理各种事故苗头，把事故消灭在萌芽状态。如发生事故，要果断正确处理，及时如实地向上级报告，并保护现场，作好详细记录。

④按时认真进行巡回检查，发现异常情况应及时处理和报告。

⑤正确操作，精心维护设备，保持作业环境整洁，搞好文明生产。

⑥上岗必须按规定着装，妥善保管、正确使用各种防护器具和灭火器材。

⑦积极参加各种安全活动，岗位技术练兵和事故预防训练。

⑧有权拒绝违章作业的各种指令，且对他人明显违章作业有权劝阻和制止。

7. "安全生产，重在预防"

安全生产以预防为主，变被动为主动，变事后处理为事前超前预防，把事故消灭在萌芽状态。

（1）及时消除生产装置中的各类隐患，不断采用先进的安全防护装置。

（2）不断提高判断和处理事故的能力，掌握设备和环境的变化，做好检测工作。

（3）不符合安全卫生要求的设备、装置，禁止投入运行。

8. 事故隐患

事故隐患泛指生产系统中可导致事故发生的人的不安全行为、物的不安全状态和管理上的缺陷。

9. 什么是重大危险源

从广义上说，可能导致重大事故发生的危险源就是重大危险源。《安全生产法》第九十六条的解释是：重大危险源，是指长期的或者临时的生产、搬运、使用或者存储危险物品，且危险物品的数量等于或者超过临界量的单元（包括场所和设施）。

10. 容易发生事故的几种心理状态

（1）自认为有经验，操作前不认真检查。

（2）图省事，抱有侥幸心理。

（3）工作忙乱，没有认识到危险性。

（4）认为作业较简单，不需要采取防范措施。

11. 安全生产管理中"五查"的内容

（1）查思想。查对安全生产的认识是否正确，安全责任心是否强。
（2）查制度。查安全制度的执行情况，有无违章作业和违章指挥。
（3）查纪律。查安全纪律、劳动纪律和工艺纪律的执行情况。
（4）查领导。查领导是否把安全工作摆到议事日程上。
（5）查隐患。查各项隐患是否按时整改。

实例 5

××电力公司安全管理制度

一、适用范围

（1）本制度规定了本公司施工安全管理的管理职能、管理内容与要求、检查与考核及奖惩办法。
（2）本制度适用于本公司施工安全管理。

二、引用标准

《电业生产安全规程》（DL408—91）。

三、管理职能

（1）本公司外包的电力建设工程由本公司工程部对工程建设中的安全施工进行归口监督管理。
（2）外包方和工程施工单位对工程建设中的安全施工进行具体实施和管理。

四、管理内容与要求

（1）建设单位对工程建设安全管理工作进行全面的监督管理。
（2）审查施工队项目负责人安全意识及其以往的工程业绩，确保施工队的能力符合工程建设的要求。
（3）在下达工程施工任务时必须提出明确的安全技术要求，并监督有关安全技术措施的落实。
（4）组织编制建设项目的安全管理制度和重大安全技术措施。
（5）当施工队的安全管理工作严重失控，施工安全没有保证时，有权责令其停工整顿，但由此产生的损失由施工队承担。
（6）工程甲、乙双方在签订施工合同时，必须签订和执行安全合同。

（7）在制订施工组织设计时，必须制订安全技术措施计划，并经逐级审核、审定后组织实施，资料必须报建设单位审核备查。

（8）对本企业使用的临时工和分包单位进行安全施工的技术能力审查，并对其施工安全进行监督、指导。

（9）施工队安全生产管理：

①工程队负责人应对本队伍员工劳动保护和安全施工工作负具体领导责任。认真执行安全施工规则制度，不违章指挥；制订和实施安全技术措施；经常进行安全检查，消除事故隐患，制止违章作业；对员工进行安全技术和安全纪律教育；发生伤亡事故要及时上报，并认真分析事故原因，提出和实现改进措施。

②班组长和施工员对所管工程的安全施工负直接责任。组织实施安全技术措施，进行技术安全交底；对施工现场搭设的架构和安装的电气、机械设备等安全防护装置，都要组织验收，合格后方能使用；不违章指挥；组织工人学习安全操作规程，教育工人不违章作业；认真消除事故隐患，发生工伤事故要立即上报，保护现场，并参加调查处理。

③班组长要模范遵守安全施工规则制度，领导本组安全作业；认真执行安全交底，有权拒绝违章指挥；班前要对所使用的机具、设备、防护用具及作业环境进行安全检查，发现问题立即采取改进措施；组织班组安全活动日，开好施工前安全会；发生工伤事故要立即向施工队长报告。

④所有建设工程的施工组织设计（施工方案），都必须有安全技术措施。架线、立塔、爆破、吊装、深坑、支模和拆除等大型特殊工程，都要编制单项安全技术方案，否则不得开工。安全技术措施要有针对性，要根据工程特点、施工方法、劳动组织和作业环境等情况提出；所有建设工程的施工组织设计（施工方案），都必须征得建设单位或监理单位的审核同意方可实施。

⑤在有危险的电力生产区域内作业，有可能造成火灾、爆炸、触电、中毒、窒息和烧伤等及有可能引起生产设备停电、停运事故时，外包方应事先要求制订安全措施。

⑥实行逐级安全技术交底制度。开工前技术负责人要将工程概况、施工方法、安全技术措施等向全体职工进行详细交底；班组每天要对工人进行施工要求和作业环境的安全交底。

⑦施工现场、木工间和储备易燃、易爆器材库要建立防火管理制度，备足防火设施和灭火器材，并经常检查，保持良好。

（10）施工现场安全纪律：

①建设单位现场管理人员和监理单位人员应带头执行施工现场安全纪律，其他人员无故不得进入施工现场。

②建设单位现场管理人员和监理单位人员有督促和检查现场安全纪律的职责。

③施工队员工要严格执行操作规程，不得违章指挥和违章作业；对违章作业的指令有权拒绝，并有责任制止他人违章作业。

④各单位人员要按照作业要求正确穿戴个人防护用品，进入施工现场必须戴安全帽；在没有防护设施的高空施工必须系安全带，高空作业不得穿硬底鞋和带钉、易滑的鞋，不得向下扔物料；严禁穿高跟鞋、拖鞋进入施工现场。

⑤各单位人员在施工现场要注意安全，严格执行装设遮拦和悬挂标示牌的规定，不得攀登脚手架、井字架、龙门架子和随吊盘上下。

（11）施工现场安全检查：

①建设单位要定期和不定期组织对各施工现场安全文明施工进行抽查，重点检查及组织各施工单位进行互查，通过召开现场会、评比等多种形式的安全检查来促进安全文明施工。

②施工队除应经常进行安全施工检查外，还要组织定期检查。检查要发动群众，要有领导干部、技术干部和工人参加，边检查边整改。

③对查出的隐患不能立即整改的，要建立登记、整改、检查和销项制度，要制订整改计划，定人、定措施、定经费、定完成日期；在隐患没有消除前，必须采取可靠的防护措施，如有危及人身安全的紧急险情，应立即停止作业。

（12）施工现场发生事故的调查和处理：

①施工队发生伤亡事故，必须遵照国务院关于工人职员伤亡事故报告规程的规定办理。事故报告要及时，不准隐瞒、虚报或拖延不报。其中，施工队发生伤亡事故要及时通报建设单位、监理单位；分包单位发生伤亡事故要及时通报总包单位、建设单位和监理单位。

②发生重大伤亡事故时，各单位领导人应该立即组织调查，认真从生产、技术、设备和管理制度等方面进行分析，要查清原因，查明责任，提出防范措施，严肃处理事故责任者。

（13）奖励与惩罚：

①凡在安全施工中经建设单位检查评比或成绩突出的，具备下列条件之一的施工单位和个人，可给予一定的荣誉奖或物资奖：

a. 认真执行本条例,安全生产和文明生产取得显著成绩的。
b. 防止和避免了重大伤亡事故或在事故抢救中有功的。

② 凡在安全施工中经建设单位检查有下列行为之一的施工单位和个人(包括建设单位、监理单位人员),可给予批评和经济处罚:

a. 违章作业和违章指挥造成事故的。
b. 玩忽职守、违反安全责任制造成事故的。
c. 发生事故险情,既不采取防范措施又不及时上报,而发生事故的。
d. 发生事故后破坏现场、隐瞒不报、虚报、故意拖延或嫁祸于人的。
e. 对批评或制止违章作业和违章指挥的安全人员进行打击报复的。
f. 由于设备超过检修期限运行,或设备有缺陷,或设备没有防护装置造成事故的。
g. 发生事故后,不积极组织抢救或事故后不吸取教训采取措施,致使发生同类事故的。

五、工程安全、文明施工管理

1. 编制依据

(1) 国家关于安全生产工作的有关法令、法规和政策。
(2) 国家电网公司和四川省电力公司关于安全管理的有关制度和规定。
(3) 电力建设安全管理规定。
(4) 电力建设安全健康与环境管理工作规定。
(5) 工程合同有关条款及规定。

2. 安全目标

坚持"安全第一、预防为主"的方针,本工程安全生产工作的总体目标是努力实现人身伤亡事故"零目标",杜绝以下事故:

(1) 杜绝人身死亡事故;
(2) 杜绝重大施工机械设备损坏事故;
(3) 杜绝重大火灾事故;
(4) 杜绝负主要责任的重大交通事故;
(5) 杜绝重大垮(坍)塌事故;
(6) 杜绝3人及以上重伤事故,且千人轻伤负伤率小于或等于6‰;
(7) 杜绝交叉跨(穿)越停电施工引起的人身伤亡和负主要责任的电网大面积停电事故。

3. 安全管理职责

1) 指挥部

（1）指挥部应编制建设项目安全管理手册，对工程建设的安全、文明施工进行总体监督和管理，并督促监督施工承包商履行合同规定的有关安全职责和义务。

（2）由指挥部、监理、施工承包商等单位的第一安全责任人组成"现场安全管理委员会"，施工单位成立"文明施工领导小组"，领导工程建设安全生产和文明施工的管理工作。

2）监理

（1）履行合同委托范围的安全职责权限，负责施工现场的安全和现场文明施工的控制和旁站监理工作。监督施工承包商的安全和文明施工管理工作，并对违章行为提出纠正及整改意见。

（2）审查、核准施工承包商的施工技术方案和作业指导书中的安全措施。

3）施工队

（1）制订各级人员的安全职责，并在工程项目中实施。

（2）对施工全过程的安全施工、文明施工负责，并对安全负有保证职责。

（3）接受监理和指挥部的安全管理监督。

4. 安全管理内容

1）安全监察机构

施工承包商应根据有关规定要求，成立施工安全监察机构，并于工程开工前，报监理和指挥部备案。

2）施工的安全管理

（1）施工承包商必须编制行之有效的安全保证体系、安全技术和安全施工措施。

（2）施工承包商编制的重大施工、带电或临近带电设备作业、大件运输方案和作业指导书必须制订安全措施，符合编、审、批程序和时效。

（3）监理审查施工承包商提出的大型安装、带电或临近带电设备作业、大件运输（包括运输路径）等重大施工技术方案的组织、安全保证措施等。

（4）用于施工的工器具、设备必须具备合格证明材料和定期安全检验标识，重要的承荷设施、绳索和工器具必须做负荷试验。

（5）严格执行安全工作票，高处作业、深坑作业、爆破作业、带电或临近带电设备作业等必须进行安全监护制。

（6）合理配备和使用施工安全设施、安全器具和安全防护用品。

3）安全检查

（1）指挥部组织分部工程安全大检查。

（2）安全检查中发现的安全问题，应填写"安全施工问题通知书"送有关施工承包商限期整改。发现重大或涉及施工现场安全的问题，应及时采取有效措施防止事故发生，并同时上报有关主管部门。

4）安全工作会议（例会）制度

（1）施工承包商应按有关规定建立安全工作例会制度，协调、解决安全施工中的具体问题，检查本单位安全目标管理和安全技术措施计划是否符合现场实际情况，并研究对策提出下一阶段的安全工作要求。

（2）安全工作例会应形成会议纪要，并有完整的记录保管存档。

5）对施工分承包商的安全管理

（1）施工承包商应对施工分包商的安全全面负责，并纳入本单位的安全管理中，严禁以"包"代管，以"罚"代管。

（2）施工队选择的分承包商，必须由其安监部门和监理对分承包商进行安全技术能力审查。

（3）施工队负责人对其队伍内的所有施工人员的安全施工负有监督、指导、教育和考核的责任。

6）安全奖惩及事故处理

（1）施工队应制订本工程的安全奖惩制度，对施工现场的安全违章行为进行处罚，并同时对安全方面的好人、好事进行表彰、奖励。

（2）施工承包商对施工期间发生的各种安全事故，按"三不放过"原则认真进行调查、分析和处理。如发生重大安全事故，必须及时口头报告监理、指挥部和所在地的政府主管部门，并在24小时内提交书面事故报告。

（3）施工中发生重大安全事故的调查，由有关主管部门组织和主持，工程部、监理、施工参加并协助调查，配合开展相应工作。

（4）施工单位每月定期编写安全月报，反映本单位安全体系的运转情况和施工中存在的安全问题和相应对策，表扬宣传安全生产和文明施工方面突出的人物和事件。

（5）指挥部的生产调度（协调）会、工程简报、安全月报，监理单位的安全月报中都要通报安全和文明施工情况，并提出存在的安全问题及限期整改意见。

单元四　安全常识

一、电力安全事故实例

案例1：2004年2月28日，×县供电公司进行岳庙东、西两个配电台区的JP柜进、出线更换和低压线路施工，根据当天的工作内容及现场接线方式，应拉开岳庙村10kV分支线熔断器。当天上午，单电源供电的35kV岳庙变电站线路发生故障停电检修。工作负责人白××认为10kV线路不带电，没有办理任何开工手续便组织施工，只安排拉开装在配电变压器台区的跌落式熔断器，而没有拉开岳庙村10kV分支线熔断器。农电工阚××用脚扣登配电台架上工作时，左肩部触及跌落式熔断器边相上方带电引线，导致其触电，经抢救无效死亡。

（一）事故主要原因

（1）违章指挥、无票作业。工作负责人白××违反《安全生产准则和规范》7.1.1和7.1.3的相关规定，在未办理工作票、未将岳庙村10kV分支线停电、未进行验电、未挂接地线的情况下，擅自指挥工作班的成员开展工作。

（2）现场无安全措施，违章冒险作业。工作班成员违反《安全生产准则和规范》7.1.2的相关规定，在未验电、未接地的情况下登配变台作业。

（二）暴露出的问题

（1）作业现场习惯性违章严重。
（2）工作班成员安全意识淡薄，缺乏自我防护能力。
（3）现场安全管理严重失控，未做好危险点预控。

（三）防范措施

（1）进行现场勘查。
（2）严格执行"两票"和工作许可制度。
（3）严格执行保证安全的技术措施。
（4）在配电台架及其低压侧工作时，不论高压侧线路是否停电，均应视为带电，因此必须做好安全组织措施和技术措施。

案例 2：2005 年 5 月 26 日，××供电公司拆除 0.4kV 线路两挡和 1 基 10m 电杆。工作负责人谢××安排王××拆除中学院外第 1 基终端杆导线，巴×协助，尹××登杆解开直线杆导线的扎线。谢××自己拆除中学院内另一基电杆绝缘子及导线，当其拆完三相导线后，电杆突然从根部断裂（断裂电杆周围地面环境潮湿，杆体根部存在严重裂纹，杆根内部腐蚀严重），谢××随杆坠落，经抢救无效死亡。

（一）事故主要原因

（1）电杆本体存在严重缺陷，当拆除杆上导线的绑线后，电杆失去平衡，发生倒杆。

（2）施工方法欠妥，拆除耐张杆导线前没有打拉线，违反《安全生产准则和规范》6.6.5 的相关规定。

（3）登杆人员在登杆前，违反《安全生产准则和规范》6.5.8 的相关规定，未检查杆根及电杆的牢固程度。

（二）暴露出的问题

（1）现场勘查不仔细，对电杆存在隐患查看不细，方案考虑不周，未采取有效防范措施。

（2）运行管理不到位，运行维护单位没有掌握电杆存在的重大缺陷。

（3）作业人员自我防护能力不强。

（三）防范措施

（1）提前进行现场勘查，有针对性地制订防范措施。

（2）作业前召开班前会进行危险点分析和预控，并告知工作班成员要有针对性地加以防范。

（3）撤线和撤杆做好协调配合。

（4）耐张杆撤线前做好电杆、拉线受力检查，必要时打临时拉线。

从上面两个案例可以看出，"安全"时时刻刻、事事处处遍布于人们生产、生活的每一个角落，在我们的生活中无处不在、无时不有。人们外出时要注意交通安全，生活中要注意卫生防病安全，生产中要注意生命和财产的安全，等等，所以，"安全"是一个永不过时的话题。

"高高兴兴上班来，平平安安回家去"一直以来是许多电力企业所倡导的口号，意喻人们能够安全顺利地完成一天的工作，平安地回到家中和家人团聚，同时也表达了各级重视安全、渴望安全的心愿。如今，"三个安全"工作的广泛开展，更加说明了全社会上上下下关心安全、重视安全的程度。尤其是作为生产一线的工人，更应该清醒地认识到安全的重要性。如果生产一线的工人在操作中不注意严格的遵守安全工作规程，做好安全防护工作，那么一旦发生事故，第一个受到伤害的必然是他们自己。因此，为了做到不伤害自己、不伤害他人和不被他人伤害，我们每个人都应该从我做起，从点滴做起，绷紧安全这根弦，决不放松对自己的要求，严格按规程办事，让事故远离我们，真正做到事故苗头不在我们身上发生。

二、安全帽的正确选用和使用

1. 选择方法

（1）用途与工作内容相符；
（2）符合标准；
（3）尺寸合适；
（4）性能优良轻便。

2. 使用方法

（1）正确佩戴，系紧帽带；
（2）不得使用曾受过严重冲击的安全帽；
（3）经常清洗内套；
（4）适时更换帽坯。

三、工作服着装注意事项

（1）工作人员的工作服不准有可能被转动的机器绞住的部分。
①工作时应穿工作服，衣服和袖口应扣好；
②禁止戴围巾和穿长衣服。
（2）禁止工作服使用尼龙、化纤或棉、化纤混纺的衣料制作，以防工作服遇火燃烧加重烧伤程度。
（3）工作人员进入生产现场禁止穿拖鞋、凉鞋、高跟鞋，禁止穿裙子。
（4）辫子、长发应盘在工作帽内。
（5）进行接触高温物体的作业时，应戴手套和穿专用的防护工作服。

四、呼吸防护用品的选择

（1）防尘口罩不得用于防毒；

（2）未配防尘过滤元件的防毒面具不得用于防尘；

（3）当颗粒物有挥发性时，如喷漆产生漆雾，必须选防尘、防毒组合防护；

（4）当有害物刺激眼和皮肤时，应选全面罩；

（5）当颗粒物具有放射性、致癌性等高毒时，应选过滤效率登记最高的过滤材料；

（6）当没有适合的过滤元件时，应选用供气式呼吸防护用品。

五、防尘口罩（面罩）的正确用法

（1）佩戴严实，吸气时，粉尘不能从脸和防尘口罩（面罩）间的缝隙间进入；

（2）必须按规定使用防尘口罩（面罩）；

（3）不得在氧气稀薄或有毒气体的环境中使用；

（4）保管于通风处；

（5）防止挤压变形；

（6）勤换滤膜。

六、验电的正确方式

（1）验电时，应使用相应电压等级而且合格的接触式验电器，并在装设接地线或合接地刀闸处对各相分别验电。验电前，应先在有电设备上进行试验，以确证验电器良好。当无法在有电设备上进行试验时，可用高压发生器等确证验电器良好。如果在木杆、木梯或木架上验电，不接地线不能指示者，可在验电器绝缘杆尾部接上接地线，但应经运行值班负责人或工作负责人许可。

（2）高压验电应戴绝缘手套，验电器的伸缩式绝缘棒长度应拉足。验电时手应握在手柄处不得超过护环，人体应与验电设备保持安全距离。雨雪天气时不得进行室外直接验电。

（3）对无法进行直接验电的设备，可以进行间接验电，即检查隔离开关（刀闸）的机械指示位置、电气指示、仪表及带电显示装置指示的变化，且至少应有两个及以上指示已同时发生对应变化。若进行遥控操作，则应同时检查隔离开关（刀闸）的状态指示、遥测、遥感信号及带电显示装置的指示而进行间接验电。330kV及以上的电气设备，可采用间接验电方法进行验电。

（4）如果表示设备断开和允许进入间隔的信号、经常接入的电压表等指示有电，则禁止在设备上工作。

七、设备不停电时的安全距离（表4-1）

表4-1 安全距离

电压等级 /kV	≤ 10（13.8）	20，35	66，110	220	500
安全距离 /m	0.7	1.0	1.50	3.00	5.00

八、如何正确选用摇表测电机绝缘，如何判断绝缘是否合格

（1）3kV 及 10kV 电动机用 1 000V 摇表测量绝缘。

（2）400V 及以下电动机用 500V 摇表测量绝缘。

（3）绝缘电阻合格值为：

① 3kV 电动机：3MΩ；

② 10kV 电动机：10MΩ；

③ 400V 电动机：0.5MΩ。

九、如何正确处理中暑

对于日常在电力企业生产中常见的并发症，我们应当学会一些应急的处理方法，只有这样才能做到"不使他人受到伤害"，例如中暑。中暑后的症状包括：

1）早期症状

头昏、头痛、口渴、多汗、全身疲乏、心悸、注意力不集中、动作不协调。

2）轻度中暑

除早期症状加重外，还会出现面色潮红、大量出汗、脉搏加快、体温急骤升高等现象。

3）重度中暑

可能出现昏迷、抽搐、痉挛、脑水肿等。

那么预防中暑的措施有哪些呢？

（1）进行上岗前应进行体检，患有心血管疾病，高血压，胃肠溃疡病，活动性肺结核，肝、肾疾病，明显内分泌疾病，出汗功能障碍者，均不宜从事高温作业；

（2）加强营养，准备含盐分的清凉饮料（要少量多次饮用，不要等到口

渴才喝）；

（3）合理安排作息时间，创造一个合理、舒适、凉爽的休息环境；

（4）保证充足的睡眠；

（5）在特殊高温作业（如炉膛内部检修）场所，应配有隔热、阻燃和通风性能良好的工作服，并设置风扇、空调等降温设施；

（6）定期检测作业环境的气象条件。

对于高温中暑，例如夏季在锅炉旁作业的电力员工中暑，怎么进行处理呢？

（1）迅速撤离引起中暑的高温环境，选择阴凉通风的地方休息；

（2）饮用含盐分的清凉饮料，虚脱时应平卧；

（3）可以在额部、颈部涂抹清凉油、风油精，或服用仁丹、藿香正气水等中药；

（4）对重症中暑的病人，应用湿床单或湿衣服将其包裹并给强力吹风，以增加蒸发散热；或用冰块降温（若病人出现寒战，应减缓冷却过程，不允许将体温降至38.3℃，以免继续降温而导致低体温）；或在腑下和腹股沟等处放置冰袋，用风扇向患者吹风，并按摩患者的四肢，以促进血液循环。

（5）及时送往医院做进一步治疗。

作为高危行业的员工，最基本的急救手段应具备，例如心肺复苏，其具体操作包括以下几个步骤：

1）判断

迅速用各种方法刺激病人，确定是否心跳、呼吸停止、意识丧失。

2）体位

一般要去枕平卧，将病人放置在平硬的地面上或在病人的背后垫一块硬板，尽量减少搬动病人。

3）畅通呼吸道

防止呼吸停止，可采用仰额举颌法，但伤员口中有异物（如假牙）要及时取出；

4）人工呼吸

一般采用口对口呼吸、口对鼻呼吸、口对口鼻呼吸（主要对婴幼儿）；

5）胸外心脏按压

按压位置为胸骨中、下1/3交界处的中线或剑突上2.5~5cm，或突上二横指。按压频率为80~100次/分钟，按压与放松时间为0.6:0.4。在胸外心脏按压的同时进行人工呼吸，人工呼吸与胸外心脏按压比为2:30。

十、灭火的几种基本方法

灭火包括以下几种方法：

1）冷却法

就是降低燃烧物质的温度使火熄灭，例如：用水直接喷洒在燃烧物上吸收能量，使温度降低到燃点以下，即可使火焰熄灭。对忌水的物品，如油类着火，则不可以用水熄灭。

2）窒息法

就是阻止空气流入燃烧区，断绝氧气对燃烧物的助燃，最后使火焰熄灭。使用泡沫灭火器、二氧化碳灭火器灭火，都有窒息的作用。

3）隔离法

就是要断绝可燃物，将燃烧点附近的可燃物移到远离火的地方，以防止火势蔓延；切断流向燃点的可燃液体。

4）抑制法

就是用有抑制作用的灭火剂射到燃烧物上，使燃烧停止，如使用干粉灭火器等。

（一）火灾分类及灭火剂选择

1）A类火灾

普通固体可燃物质，如木材、纸张等引起的火灾，水是最好的灭火剂，也可用一般泡沫灭火器。若火场物与水发生反应，则不能用水灭火。

2）B类火灾

易燃液体和可熔化固体，如汽油、煤油、原油、甲醇等引起的火灾，可用二氧化碳、泡沫、干粉灭火器。

3）C类火灾

气体，如煤气、液化石油气等引起的火灾，一般用干粉、二氧化碳灭火器。

4）D类火灾

可燃金属，如钾、纳等引起的火灾，应使用二氧化碳灭火器。

（二）电动机起火处理

当电动机起火时，必须将电动机的电源切断后，方可灭火。灭火时应使用四氯化碳或二氧化碳灭火器，严禁使用酸碱灭火器、泡沫灭火器以及沙子、大股水流灭火。灭火后，应对电动机进行详细检查。

（三）电缆着火处理

（1）立即切断电源，通知消防人员。

（2）有自动灭火的地方自动装置应该动作，无自动灭火装置时使用四氯化碳灭火器、二氧化碳灭火器或沙子、石棉被灭火，禁止使用泡沫灭火器或水灭火。

（3）在电缆沟道或室内的灭火人员必须戴防毒面具、绝缘手套，穿绝缘鞋。

（4）设法隔离火源，防止火蔓延至正常运行的设备而扩大事故。

（5）灭火人员禁止手摸不接地的金属，禁止触动电缆托架或移动电缆。

（四）火灾中自救

火灾中的人员伤亡多发生在楼上，或因逃生困难，或因烟气窒息，或被迫跳楼，或被烈火焚烧。那么发生火灾时，应如何自救呢？

（1）如果楼梯已经着火，但火势尚不猛烈时，这时可用湿棉被、毯子裹在身上，从火中冲过去。

（2）如果火势很大，则应寻找其他途径逃生，如利用阳台滑向下一层，越向邻近房间，从屋顶逃生或顺着水管等落向地面。

（3）如果没有逃生之路，而所在房间离燃烧点还有一段距离，则可退居室内，关闭通往火区的所有门窗，有条件时还可向门窗洒水，或用碎布等塞住门缝，以延缓火势蔓延过程，等待救援。

（4）要设法发出求救信号，可向外打手电，或抛出小的软的物件，避免叫喊时救援人员听不见。

（5）如果火势逼近，又无其他逃生之路时，也不要仓促跳楼，可在窗上系上绳子，也可临时撕扯床单等连接起来，顺着绳子下滑。

附录

国家电网公司企业文化手册

一、核心价值观

国家电网公司把企业宗旨、企业精神、企业理念和奋斗方向作为核心价值观，明确宣示公司对国家、电力客户、合作伙伴、员工、社会所遵循的价值取向和价值判断。核心价值观是公司企业文化的灵魂，是公司生存和发展的动力源泉。

二、企业宗旨

服务党和国家工作大局
服务电力客户
服务发电企业
服务经济社会发展

"四个服务"的企业宗旨体现了公司使命与价值追求的统一，体现了国有企业的政治责任、经济责任与社会责任的统一，是公司一切工作的出发点和落脚点。

（1）服务党和国家工作大局是公司义不容辞的政治责任。

公司作为关系国家能源安全、国民经济命脉，经营上万亿资产，具有重大影响力和带动力的国有重要骨干企业，是党执政的重要经济基础，承担着确保国有资产保值增值，增强国家经济实力和产业竞争力的重要责任。

公司坚持局部利益服从全局利益，把维护党和国家的利益作为检验工作成效和企业业绩的根本标准。

（2）服务电力客户是公司肩负的基本使命。

公司作为经营范围遍及全国大部分城乡、提供普遍服务的供电企业，承担着为电力客户提供安全可靠充足电力供应和服务的基本职责。

公司坚持服务至上，以客户为中心，不断深化优质服务，提高优质服务水平，持续为客户创造价值。

（3）服务发电企业是公司实现共赢的战略选择。

公司作为电力行业中落实国家能源政策，联系发电企业和客户，发挥桥梁作用的经营性企业，承担着开放透明依法经营的责任。

公司遵循电力工业发展规律，科学规划建设电网，推动建立完善的三级电力市场，严格执行"公开、公平、公正"调度，与合作伙伴共同创造广阔的发展空间。

（4）服务经济社会发展是公司光荣的社会责任。

公司作为国家能源战略的实施主体，承担着保证能源资源实现优化配置，满足经济社会快速增长对电力需求的责任。

公司坚持经济责任与社会责任相统一，保障电力安全可靠供应，推进节能降耗，保护生态环境，履行社会责任，服务社会主义和谐社会建设。

三、企业精神

努力超越　追求卓越

"努力超越　追求卓越"是对公司员工勇于超越过去、超越自我、超越他人，追求企业价值实现的高度概括。

"努力超越　追求卓越"的本质是与时俱进、开拓进取、科学发展。从全面贯彻落实"四个服务"的企业宗旨出发，立足于发展壮大国家电网事业，奋勇拼搏，不停顿地向新的更高的目标攀登，实现创新、跨越和突破。它表明公司及员工以党和国家利益为重，以企业整体利益为重，以强烈的事业心和责任感，不断向更高标准看齐，向更高目标迈进的勇气和信心。

四、企业理念

以人为本　忠诚企业　奉献社会

"以人为本　忠诚企业　奉献社会"是公司处理与员工、客户、合作伙伴和社会之间关系的基本信条和行动准则。

1. 以人为本

以实现人的全面发展为目标，尊重人、关心人、依靠人和为了人。

公司视人才为企业的第一资源，坚持以人为本、共同成长的社会责任准则。公司善待员工，切实维护员工的根本利益，充分尊重员工的价值和愿望，保证员工与企业共同发展；公司善待客户，以客户为中心，始于客户需求、终于客户满意；公司善待合作伙伴，互利互惠，合作共赢，努力营造健康、和谐、有序的电力运营和发展环境。

2. 忠诚企业

热爱企业，关心企业，为企业尽心尽力，忠实维护企业利益和形象。

公司通过建立完善规范有序、公正合理、互利共赢、和谐稳定的社会主义新型劳动关系，为员工发展提供机遇和舞台，充分调动员工的积极性、主动性和创造性，赢得员工对企业的忠诚。

3. 奉献社会

关爱社会，服务社会，回报社会，履行社会责任。

公司坚持发展公司、服务社会的社会责任目标，以公司的发展实现员工的成长、客户的满意、政府的放心，促进经济发展，社会和谐。公司及员工热心社会公益，遵守社会公德，引领社会良好风尚，树立公司开放、进取、诚信、负责的企业形象。

五、奋斗方向

建设世界一流电网　建设国际一流企业

"建设世界一流电网　建设国际一流企业"是国家电网人的远大理想，是实现"四个服务"的客观要求，是公司"努力超越、追求卓越"的前进方向。

1. 建设世界一流电网

从我国国情、能源资源状况和电网发展规律的实际出发，坚持以科学发展观为指导，坚持自主创新，瞄准世界先进水平，充分利用先进的技术和设备，按照"规划科学、结构合理、技术先进、安全可靠、运行灵活、标准统一、经济高效"的要求，建设以特高压电网为骨干网架、各级电网协调发展的现代化国家电网。

2. 建设国际一流企业

坚持以国际先进水平为导向，以同业对标为手段，推进集团化运作、集约化发展、精细化管理、标准化建设，把公司建设成为具有科学发展理念、持续创新活力、优秀企业文化、强烈社会责任感和国际一流竞争力的现代企业。

六、发展战略

公司的发展战略由战略目标、战略重点、战略实施、工作思路和发展要求构成，明确了公司的发展轨迹、宏观管理措施及对策。公司以发展战略统一思想，凝聚力量，指引方向。

七、战略目标

国家电网公司的战略目标是：建设成为"电网坚强、资产优良、服务优质、业绩优秀"的现代公司（简称"一强三优"）。

建设"一强三优"现代公司，是对"建设世界一流电网、建设国际一流企业"的具体描述。电网坚强是发展的基础，资产优良反映发展的能力，服务优质展现发展的形象，业绩优秀体现发展的成果。追求资产优良、服务优质和业绩优秀，是对公司企业价值的全面提升，是公司由大到强的必然选择。

电网坚强：电网规划科学，结构合理，技术先进，安全可靠，运行灵活，标准统一，经济高效。

资产优良：资产结构合理，盈利和偿债能力强；不良资产少；成本费用低，现金流量大，客户欠费少。

服务优质：事故率低，可靠性高，流程规范，服务高效，社会满意，品牌形象好。

业绩优秀：安全、质量、效益指标在国内外同业中领先，企业健康发展，对社会贡献大。

建设现代公司是建立健全现代企业制度，充分利用先进技术，推行现代化管理，使公司具有较高的国际化水平。这一表述展示了公司的锐意改革、开拓创新、诚信开放、勇于负责的企业形象。

建设"一强三优"现代公司，是公司的发展战略目标，是上下统一思想的基础、统一行动的指南，是总部、区域电网公司、省公司以及公司所属各单位的统一目标和共同任务。

八、战略重点

电网发展战略：建设以特高压电网为骨干网架、各级电网协调发展的现代化国家电网，促进大煤电、大水电、大核电基地集约化开发，实施更大范围内能源资源的优化配置（简称"一特三大"）。

科技兴企战略：遵循"自主创新、重点跨越、支撑发展、引领未来"的方针，发挥企业在技术创新中的主体作用，把增强自主创新能力作为强化公司科技支撑的关键和推动电网技术升级的中心环节，建设一流人才队伍，实施大科研，创造大成果，培育大产业（简称"一流三大"）。

人才强企战略：牢固树立科学人才观，尊重劳动、尊重知识、尊重人才、尊重创造，抓住培养、吸引、使用等关键环节，建立科学的选人用人机制，增加教育培训投入，大力开展全员培训，提高队伍整体素质，建设结构合理、素质优良的经营人才、管理人才、技术人才和技能人才队伍。

国际化战略：通过"引进来""走出去"等国际化活动，全面提升公司的技术创新能力、经营管理能力和资源配置能力，增强公司的核心竞争力，建设具有国际知名品牌和国际竞争力的国际一流企业，服务国家能源战略，在引进国外能源资源，参与国际电力和能源合作中发挥重要作用。

九、战略实施

转变公司发展方式　转变电网发展方式（简称"两个转变"）

"两个转变"就是通过实施集团化运作、集约化发展、精细化管理、标准化建设，实现公司发展方式的转变；通过建设以特高压电网为骨干网架、各级电网协调发展的现代化国家电网，实现电网发展方式的转变。

公司资产规模大，内部资源丰富，潜力很大，加快"两个转变"，对公司各类资源进行战略整合，充分发挥公司资产、资金、人才、技术、管理等诸多优势，增强企业经营能力，减少资源闲置和浪费，提高经营效率和经济效益，推动公司可持续发展，实现建设"一强三优"的发展目标具有十分重要的意义。"两个转变"是公司遵循的客观规律，是在充分总结经验和系统分析公司发展现状的基础上提出的战略举措，是贯彻落实科学发展观的集中体现，是实现"一强三优"发展目标的根本途径和内在需要。

十、工作思路

抓发展　抓管理　抓队伍　创一流（简称"三抓一创"）

发展是公司的第一要务，管理是公司发展的永恒主题，人才是公司发展的第一资源，一流是公司发展的前进方向和奋斗目标。抓发展、抓管理、抓队伍、创一流，是建设"一强三优"现代公司必须长期坚持的基本工作思路。

1. 抓发展

以科学发展观为指导,以加快公司发展为目标,建设以特高压电网为骨干网架,各级电网协调发展的现代化国家电网。

2. 抓管理

依法经营企业,严格管理企业,勤俭办企业,健全企业内部的管理机制,加快信息化建设,从而实现公司效率和效益的全面提高。

3. 抓队伍

坚持以人为本,以加强领导班子和干部队伍建设为重点,以作风建设和能力建设为突破口,实施人才强企战略,健全激励约束机制,从而实现员工与企业共同发展。

4. 创一流

以国际和国内先进的水平为导向,以同业对标为手段,以内强素质、外塑形象建设为载体,促进公司创新发展,建设世界一流电网,建设国际一流企业。

十一、发展要求

内强素质　外塑形象（简称"内质外形"）

"内质外形"建设是实现"一强三优"现代公司发展战略目标的重要保证。内在素质是基础,决定外部形象；外部形象是内在素质的反映,对内在素质具有促进作用。内强素质与外塑形象,两者相辅相成、辩证统一。

1. 内强素质

提高安全素质、质量素质、效益素质、科技素质、队伍素质。

2. 安全素质

坚持"安全第一、预防为主、综合治理",制度健全完善,责任落实到位,行为标准规范,安全可控、能控、在控,电网运行稳定。

3. 质量素质

工程建设优良,电力供应可靠,服务真诚规范,流程科学合理,管理严谨高效,企业健康发展。

4. 效益素质

资产结构合理,财务状况良好,劳动生产率不断提高,经营效益显著,社会贡献突出。

5. 科技素质

创新能力强，投入产出率高，科技贡献大，电网装备、信息化和技术水平领先。

6. 队伍素质

人员结构合理，人才队伍健全，员工政治坚定，业务精通，技能过硬，求真务实，甘于奉献。

7. 外塑形象

塑造认真负责的国企形象、真诚规范的服务形象、严格高效的管理形象、公平诚信的市场形象、团结进取的团队形象。

8. 认真负责的国企形象

全面落实科学发展观，认真履行国有重要骨干企业的责任，锐意改革，加快发展，服务党和国家工作大局，努力奉献社会。

9. 真诚规范的服务形象

服务理念追求真诚，服务内容追求规范，服务形象追求品牌，服务品质追求一流，让政府放心，让客户满意。

10. 严谨高效的管理形象

依法经营企业，严格管理企业，勤俭办企业，做到依法决策、科学决策和民主决策。公司制度健全，机制完善，管理集约。领导干部严格自律，务实清廉，既干事，又干净。

11. 公平诚信的市场形象

树立诚信观念，坚持公开、公平、公正、透明的原则，认真接受市场监管，自觉接受社会监督。加强信息披露，重视交流合作。

12. 团结进取的团队形象

弘扬"努力超越、追求卓越"的企业精神，建设以人为本、忠诚企业、奉献社会的企业文化，上下之间同心同德，部门之间密切协作，实现员工与公司共同成长。

十二、行为规范

公司《员工守则》包括以下内容：

（1）遵纪守法，尊荣弃耻，争做文明员工。
（2）忠诚企业，奉献社会，共塑国网品牌。
（3）爱岗敬业，令行禁止，切实履行职责。
（4）团结协作，勤奋学习，勇于开拓创新。
（5）以人为本，落实责任，确保安全生产。
（6）弘扬宗旨，信守承诺，深化优质服务。
（7）勤俭节约，精细管理，提高效率效益。
（8）努力超越，追求卓越，建设一流公司。

《员工守则》是公司全体员工应共同遵守的基本行为准则。

（1）遵纪守法，尊荣弃耻，争做文明员工。公司倡导做事先做人，人人争做遵守党纪国法，弘扬社会主义荣辱观的文明员工。

（2）忠诚企业，奉献社会，共塑国网品牌。公司信赖忠诚企业的员工，员工应热爱企业，维护企业利益，奉献爱心，履行社会责任，共同塑造"国家电网"品牌，树立公司开放、进取、诚信、负责的良好社会形象。

（3）爱岗敬业，令行禁止，切实履行职责。公司倡导员工恪守职业道德，切实提高执行力，严格遵守各项规章制度，做到令行禁止，忠于职守，尽职尽责，全力以赴做好本职工作。

（4）团结协作，勤奋学习，勇于开拓创新。公司倡导员工发扬团队精神，精诚团结，相互协作，努力学习，重视知识更新，争做知识型员工，勇于开拓，锐意进取，不断推动工作创新，为公司发展做出新的贡献。

（5）以人为本，落实责任，确保安全生产。公司员工应树立安全理念，提高安全意识，贯彻安全要求，落实安全责任，完善安全措施，消除安全隐患，筑牢安全基础，以人员、时间、力量"三个百分之百"保安全，做到安全可控、能控、在控，确保人身安全、设备安全，确保电网安全稳定。

（6）弘扬宗旨，信守承诺，深化优质服务。公司员工应认真践行"四个服务"的公司宗旨，严格执行"三个十条"，切实履行服务承诺，落实长效机制，坚持为客户提供高标准的优质服务。

（7）勤俭节约，精细管理，提高效率效益。公司员工应树立勤俭办企业的思想，按照建设节约型社会、节约型企业的要求，从一点一滴做起，实施精细化管理，精打细算，开源节流，向管理要效益。同时，要通过科学的、精细化的管理，切实提高工作效率。

（8）努力超越，追求卓越，建设一流公司。公司员工应大力弘扬"努力超越、追求卓越"的企业精神，万众一心，众志成城，积极投身建设"一强三优"现代公司的各项工作之中，为实现"建设世界一流电网、建设国际一流企业"的宏伟目标而努力奋斗。

十三、供电服务"十项承诺"

（1）城市地区：供电可靠率不低于99.90%，居民客户端电压合格率不低于96%；农村地区：供电可靠率和居民客户端电压合格率，经国家电网公司核定后，由各省（市、区）电力公司公布承诺指标。

（2）供电营业场所公开电价、收费标准和服务程序。

（3）供电方案答复期限：居民客户不超过3个工作日，低压电力客户不超过7个工作日，高压单电源客户不超过15个工作日，高压双电源客户不超过30个工作日。

（4）城乡居民客户向供电企业申请用电，在受电装置检验合格并办理相关手续后，3个工作日内送电。

（5）非居民客户向供电企业申请用电，在受电工程验收合格并办理相关手续后，5个工作日内送电。

（6）当电力供应不足，不能保证连续供电时，严格执行政府批准的限电序位。

（7）供电设施计划检修停电，提前7天向社会公告。

（8）提供24小时电力故障报修服务，供电抢修人员到达现场的时间一般不超过：城区范围45分钟；农村地区90分钟；特殊边远地区2小时。

（9）客户欠电费需依法采取停电措施的，提前7天送达停电通知书。

（10）电力服务热线"95598"24小时受理业务咨询、信息查询、服务投诉和电力故障报修。

《供电服务"十项承诺"》是公司对客户作出的庄严承诺。公司视信誉为生命，弘扬宗旨，信守承诺，不断提升客户满意度，持续为客户创造价值。

十四、"三公"调度"十项措施"

"三公"是指公开、公平、公正。"三公"调度包括以下十项措施：

（1）坚持依法公开、公平、公正调度，保障电力系统安全稳定的运行。

（2）遵守《电力监管条例》，每季度向有关电力监管机构报告"三公"调度工作情况。

（3）颁布《国家电网公司"三公"调度工作管理规定》，规范"三公"调度管理。

（4）严格执行购售电合同及并网调度协议，科学合理安排运行方式。

（5）统一规范调度信息发布内容、形式和周期，每月10日统一更新网站信息。

（6）建立问询答复制度，对于并网发电厂提出的问询必须在10个工作日内予以答复。

（7）完善网厂联系制度，每年至少召开两次网厂联席会议。

（8）聘请"三公"调度监督员，建立外部监督机制。

（9）建立责任制，严格监督检查，将"三公"调度作为评价调度机构工作的重要内容。

（10）严肃"三公"调度工作纪律，严格执行《国家电网公司电力调度机构工作人员"五不准"规定》。

《"三公"调度"十项措施"》是公司坚持开放透明依法经营，正确处理与合作伙伴关系的基本准则。公司主动接受监管和监督，依法合规经营，不断提高服务发电企业水平。

习 题

一、单项选择题

1. 国家电网公司的企业愿景是（   ）。
   A. 建设世界一流电网，建设国际一流企业
   B. 建设全国一流电网，建设国内一流企业
   C. 建设全国一流电网，建设国际一流企业
   D. 建设世界一流电网，建设国内一流企业

2. 国家电网公司的企业使命是（   ）。
   A. 建设世界一流电网
   B. 建设国际一流企业
   C. 抓发展，抓管理，抓创新，创一流
   D. 奉献清洁能源，建设和谐社会

3. 国家电网公司的企业宗旨是（   ）。
   A. 四个服务
   B. 优质服务是国家电网的生命线
   C. 奉献清洁能源，建设和谐社会
   D. 保障安全、经济、清洁、可持续的电力供应

4. 国家电网公司的核心价值观是（   ）。
   A. 忠诚、责任、创新、奉献
   B. 诚信、敬业、创新、奉献
   C. 诚信、责任、创新、奉献
   D. 诚信、责任、创新、节约

5. 企业发展、事业进步的根本动力是（   ）。
   A. 诚信　　　B. 责任　　　C. 创新　　　D. 奉献

6. 企业立业、员工立身的道德基石是（   ）。

A. 诚信　　　　B. 责任　　　　C. 创新　　　　D. 奉献

7. 员工爱国爱企、爱岗敬业的自觉行动是（　　）。

A. 诚信　　　　B. 责任　　　　C. 创新　　　　D. 奉献

8. 员工勇挑重担、尽职尽责的工作态度是（　　）。

A. 诚信　　　　B. 责任　　　　C. 创新　　　　D. 奉献

9. 国家电网公司的企业精神是（　　）。

A. 努力超越、无私奉献

B. 爱岗敬业、无私奉献

C. 爱岗敬业、追求卓越

D. 努力超越、追求卓越

10. "努力超越、追求卓越"的本质是（　　）。

A. 创新　　　　　　　　B. 与时俱进、开拓创新、科学发展

C. 以人为本、共同发展　　D. 奉献

11. 国家电网公司发展的总战略是（　　）。

A. 建设具有科学发展理念、持续创新活力、优秀企业文化、强烈社会责任感和国际一流竞争力的现代企业

B. 与时俱进、开拓创新、科学发展

C. 建设"一强三优"现代公司

D. 以"三个建设"为保证，全面推进"两个转变"，建设"一强三优"现代公司

12. 国家电网公司的战略目标是（　　）。

A. 建设世界一流电网　　　B. 建设国际一流企业

C. 建设"一强三优"现代公司　D. 建设国内一流企业

13. 国家电网公司提出公司力争 2020 年（　　）。

A. 初步建成"一强三优"现代公司

B. 基本建成"一强三优"现代公司

C. 全面建成"一强三优"现代公司

14. 国家电网公司的战略途径是（　　）。

A. 三集五大　　　　　　B. 两个转变

C. 建设"一强三优"现代公司　D. 三抓一创

15. 国家电网公司的战略保障是（　　）。

A. 三抓一创　　　　　　B. 统一的优秀企业文化

C. 科技创新　　　　　　D. 三个建设

16. 建设世界一流电网,是以统一规划、统一标准、统一建设为原则,以特高压电网为骨干网架,各级电网协调发展,具有信息化、自动化、互动化特征的坚强智能电网。其中,_____是前提,_____是基础,_____是关键。

　　A. 统一　坚强　智能

　　B. 坚强　统一　智能

　　C. 统一　智能　坚强

17. 国家电网公司提出公司发展方式转变的"四化"指(　　)。

　　A. 集团化运作、集约化发展、精益化管理、标准化建设

　　B. 集团化发展、集约化运作、精益化管理、标准化建设

　　C. 集团化运作、集约化发展、精益化建设、标准化管理

　　D. 集团化运作、集约化管理、精益化发展、标准化建设

18. "四化"是实现公司发展战略目标的基本方针,其中(　　)是核心。

　　A. 集团化运作　　　　　B. 集约化发展

　　C. 精益化管理　　　　　D. 标准化建设

19. 国家电网公司坚持局部利益服从全局利益,把(　　)作为检验工作成效和企业业绩的根本标准。

　　A. 服务社会经济发展　　B. 深化优质服务

　　C. 推动科学发展　　　　D. 维护党和国家的利益

20. "三抓一创"是指(　　)。

　　A. 抓创新、抓管理、抓队伍,创一流

　　B. 抓发展、抓管理、抓创新,创一流

　　C. 抓发展、抓管理、抓队伍,创一流

　　D. 抓发展、抓安全、抓稳定,创一流

21. "三抓一创"工作思路中,(　　)是永恒的主题。

　　A. 抓发展　　B. 抓管理　　C. 抓队伍　　D. 创一流

22. 国家电网公司电网发展战略提出要坚持"一特四大",推进坚强智能电网建设,"一特四大"是指特高压、大煤电、大水电、大核电、(　　)。

　　A. 大型可再生能源基地　　B. 太阳能发电　　C. 大风电

23. 国家电网公司经营管理战略提出要贯彻(　　)的方针,持续提升公司经营管理水平和资产运营效率。

　　A. 自主创新、重点跨越、支撑发展、引领未来

　　B. 依法经营企业、严格管理企业、勤俭办企业

　　C. 体制、机制和管理创新"三个创新"

D. 统一领导、统一规划、统一标准、统一组织实施

24. 国家电网公司科学发展战略提出要把（　　）作为提升公司可持续发展能力的关键。

　　A. 电网建设　　B. 队伍建设　　C. 党的建设　　D. 科技创新

25. 国家电网公司科学发展战略提出要把（　　）作为推进"两个转变"、增强公司核心竞争力的重要驱动力。

　　A. 体制机制创　　　　　　　B. 智能电网建设

　　C. 信息化　　　　　　　　　D. 人才强企战略

26. 国家电网公司产业支撑战略提出要按照（　　）的发展方向，拓展直属单位业务领域，延伸产业链，形成规模经营优势和核心竞争力，做优做强做大直属产业。

　　A. 支撑发展、引领未来

　　B. 上规模、上水平、集约化

　　C. 集团化、集约化、精益化、标准化

27. 国家电网公司企业文化战略提出要坚持（　　）的原则，建设以"四统一"为基础的优秀企业文化，增强公司的核心竞争力、企业软实力和可持续发展能力，促进公司科学发展。

　　A. 融入中心、服务大局，以人为本、全员参与，重在建设、突出特色，统一规划、分步实施

　　B. 重在建设、突出特色，统一规划、分步实施

　　C. 统一领导、统一规划、统一标准、统一实施

　　D. 融入中心、服务大局，以人为本、全员参与、统一规划、分步实施

28. "四统一"为基础的优秀企业文化中的"四统一"是指（　　）。

　　A. 统一的价值观、统一的发展目标、统一的企业精神、统一的管理标准

　　B. 统一的价值观、统一的管理理念、统一的品牌战略、统一的企业标准

　　C. 统一的价值观、统一的发展目标、统一的品牌战略、统一的管理标准

　　D. 统一的价值观、统一的发展目标、统一的品牌战略、统一的服务标准

29. 国家电网公司提出建设统一的优秀企业文化的核心是（　　）。

　　A. 推行公司基本价值理念体系

　　B. 推行公司的核心价值观

　　C. 推行公司行为准则

　　D. 推行公司的发展战略

30. 国家电网公司内质外形建设成果的集中体现是（　　）。

  A.公司行为准则   B.公司的核心价值观

  C.公司的发展战略   D."国家电网"品牌

31.在"2009中国500最具价值品牌评选"中,"国家电网"品牌名列中国500强最具价值品牌( )。

  A.第一名   B.第二名   C.第三名   D.第四名

32.国家电网公司在2009年世界500强企业中名列第( )位。

  A.12   B.13   C.14   D.15

33."三个建设"的首要任务是( )。

  A.党的建设   B.各级领导班子建设

  C.建设统一的优秀企业文化   D.提高全员素质

34."三个建设"的根本着力点是( )。

  A.党的建设   B.各级领导班子建设

  C.建设统一的优秀企业文化   D.提高全员素质

35."三个建设"的重中之重是( )。

  A.党的建设   B.各级领导班子建设

  C.建设统一的优秀企业文化   D.提高全员素质

36.( )是"三个建设"的重要基础。

  A.党的建设   B.各级领导班子建设

  C.建设统一的优秀企业文化   D.提高全员素质

37.( )是公司的基本信条和行动准则。

  A.遵纪守法、尊荣弃耻、令行禁止

  B.爱岗敬业、无私奉献、追求卓越

  C.以人为本、忠诚企业、奉献社会

  D.弘扬宗旨、信守承诺、勤俭节约

38.公司对员工服务行为规定的底线、不能逾越的"红线"是( )。

  A.《国家电网公司员工守则》

  B.《供电服务"十项承诺"》

  C.《员工服务"十个不准"》

39.《"三公"调度"十项措施"》要求,建立问询答复制度,对并网发电厂提出的问询必须在( )个工作日内予以答复。

  A.5   B.7   C.10   D.15

40.《"三公"调度"十项措施"》要求完善网厂联系制度,每年至少召开( )网厂联席会议。

A. 一次　　　　B. 两次　　　　C. 三次　　　　D. 四次

41.《供电服务"十项承诺"》承诺，城市地区供电可靠率不低于（　　），居民客户端电压合格率不低于（　　）。

　　A. 99.90%；96%　　　　　　B. 99.80%；97%
　　C. 99.80%；98%　　　　　　D. 98%；97%

42.《供电服务"十项承诺"》承诺，供电营业场所要做到的"三公开"是（　　）。

　　A. 公开、公平、公正
　　B. 公开电价、公开收费标准和公开服务程序
　　C. 公开电价、公开工作标准、公开工作程序

43.《供电服务"十项承诺"》承诺，供电方案答复期限，居民客户不超过（　　）个工作日，低压电力客户不超过（　　）个工作日。

　　A. 3　5　　B. 5　7　　C. 3　7　　D. 7　10

44.《供电服务"十项承诺"》承诺，提供24小时电力故障报修服务，供电抢修人员到达现场的时间一般不超过（　　），特殊边远地区除外。

　　A. 1小时　　B. 90分钟　　C. 2小时　　D. 3小时

45. 客户欠电费需依法采取停电措施的，提前（　　）天送达停电通知书。

　　A. 5　　　　B. 7　　　　C. 10　　　　D. 15

46. 转变公司发展方式的核心是（　　）。

　　A. 实施"三集五大"　　　　B. 推进"三个建设"
　　C. "四化"管理　　　　　　D. 坚持"六个抓手"

47. "三集五大"中的"五大"是指（　　）。

　　A. 大规划、大建设、大运行、大安全、大营销
　　B. 大规划、大建设、大电网、大生产、大营销
　　C. 大规划、大财务、大运行、大生产、大营销
　　D. 大规划、大建设、大运行、大生产、大营销

48. "三集五大"中的"三集"是指（　　）。

　　A. 人力资源、财务、物资集约化管理
　　B. 人才队伍、安全生产、新型财务集约化管理
　　C. 人才队伍、电网建设、新型财务集约化管理
　　D. 人力资源、安全生产、物资集约化管理

49. 国家电网公司着力构建以"六统一、五集中"为基础的新型财务管理模式中的"六统一"是指（　　）。

A. 统一会计核算、统一资金管理、统一信息标准、统一业务流程、统一成本标准、统一组织体系

B. 统一会计核算、统一资金管理、统一资本运作、统一成本标准、统一预算调控、统一风险监控

C. 统一会计政策、统一会计科目、统一信息标准、统一成本标准、统一业务流程、统一组织体系

50. 电网建设"两型一化"中的"一化"指（　　）。
   A. 信息化　　B. 智能化　　C. 工业化　　D. 标准化

51. 我国第一条自主开发、设计建设、具有自主知识产权的特高压线路是（　　）。
   A. 葛洲坝—上海输电线线路
   B. 青海官厅—兰州东输电线路
   C. 晋东南—南阳—荆门输电线路
   D. 四川雅安—上海输电线路

52. 国家电网公司在安全管理与监督方面提出的"三不伤害"指（　　）。
   A. 不伤害自己、不伤害他人、不被他人伤害
   B. 不伤害自己、不伤害他人、不伤害电力设备
   C. 不伤害自己、不伤害他人、不被电力设备伤害

53. 下面哪项不属于国家电网公司在安全管理与监督方面提出的"三基"的内容？（　　）
   A. 从基础抓起　　　　B. 从基建抓起
   C. 从基层抓起　　　　D. 从基本功抓起

54. 国家电网公司提出安全生产"三个百分之百"指（　　）。
   A. 人员、时间、力量"三个百分之百"
   B. 人员、时间、投入"三个百分之百"
   C. 人员、力量、投入"三个百分之百"
   D. 时间、力量、投入"三个百分之百"

55. 国家电网公司在安全管理与监督方面提出的"三到位"是指（　　）。
   A. 责任到位、措施到位、监督到位
   B. 责任到位、管理到位、落实到位
   C. 管理到位、措施到位、落实到位
   D. 责任到位、措施到位、落实到位

56. 国家电网公司服务理念是（　　）。

A. 让客户满意，让政府放心

B. 服务群众、奉献社会

C. 人民电业为人民

D. 真诚服务、共谋发展

57. 国家电网公司廉洁文化理念是（　　）。

    A. 三化三有　　B. 干事、干净　　C. 三严一常

58. 公司遵循的社会责任观是（　　）。

    A. 履行科学发展和安全供电责任，保障更安全、更经济、更清洁、可持续的能源供应

    B. 善待员工、善待客户、善待合作伙伴

    C. 发展公司、服务社会、以人为本、共同成长

    D. 真诚服务、共谋发展，实现公司、行业、社会利益的协调统一

59. 公司承担的六个特定责任是（　　）。

    A. 科学发展、安全供电、卓越管理、科技创新、沟通合作、全球视野

    B. 优质服务、服务三农、员工发展、伙伴共赢、企业公民、环保节约

    C. 科学发展、安全供电、卓越管理、伙伴共赢、企业公民、环保节约

    D. 卓越管理、伙伴共赢、企业公民、科技创新、沟通合作、全球视野

60. 下面哪条不是国家电网公司在二季度会上提出的当前制约"两个转变"的突出问题（　　）？

    A. 主多分开　　　　　　　　B. 职工持股

    C. 收入分配管理　　　　　　D. 标准化

61. 多经企业"五分开"是指（　　）。

    A. 管理分开、资产分开、人员分开、业务分开、利益分开

    B. 财务分开、资产分开、人员分开、业务分开、利益分开

    C. 管理分开、资产分开、人员分开、业务分开、考核分开

    D. 管理分开、财务分开、人员分开、业务分开、利益分开

62. 国家电网公司电网安全"三个不发生"百日安全活动的目标是（　　）。

    A. 不发生大面积停电事故，不发生人身死亡事故，不发生重特大设备损坏事故

    B. 不发生大面积停电事故，不发生人身死亡和恶性误操作事故，不发生电力设备损坏事故

    C. 不发生大面积停电事故，不发生人身死亡和恶性误操作事故，不发生重特大设备损坏事故

D. 不发生大面积停电事故,不发生恶性误操作事故,不发生重特大设备损坏事故。

63. 公司今年开展的基建安全主题活动的主题是(　　)。
   A. 夯基础、控风险、保安全
   B. 抓制度、夯基础、防事故
   C. 抓制度、控风险、防事故
   D. 抓基础、控风险、防事故

64. "四化"管理的关键是(　　)。
   A. 实施集团化运作、强化执行力建设
   B. 实施人才强企战略、强化干部队伍建设
   C. 实施"一流四大"战略,推动科技发展
   D. 坚持"六个抓手"

65. 关于特高压"两纵两横"规划描述不正确的是(　　)。
   A. "东纵"指锡盟—上海
   B. "西纵"指陕北—湖南长沙
   C. "南横"指葛洲坝—上海
   D. "北横"指蒙西—山东潍坊的特高压交流输变电工程

66. 国家电网公司坚强智能电网建设所规划建设进程提出到(　　)年,以特高压为核心的坚强国家电网初步形成,电网的信息化、自动化、互动化水平明显提升,满足大规模可再生能源接入和输送。
   A. 2013　　B. 2015　　C. 2018　　D. 2020

67. 国家电网公司总部要努力建设成为的"四个中心"指(　　)。
   A. 战略决策中心、资源配置中心、经营管理中心和电网调度中心
   B. 战略决策中心、资源配置中心、管理调控中心和电网调度中心
   C. 战略决策中心、安全保障中心、管理调控中心和电网调度中心

68. 创建"四好"领导班子的"四好"是指(　　)。
   A. 政治思想好、业务技术好、联系群众好、遵纪守法好
   B. 政治思想好、完成任务好、业务技术好、思想素质好
   C. 政治素质好、经营业绩好、团结协作好、作风形象好
   D. 政治思想好、工作业绩好、业务技术好、道德品质好

69. 建设"四优"共产党员队伍的"四优"是指(　　)。
   A. 政治素质优、岗位技能优、工作业绩优、群众评价优
   B. 政治思想优、业务技术优、联系群众优、遵纪守法优

C. 政治思想优、工作业绩优、业务技术优、道德品质优

D. 政治思想优、完成任务优、业务技术优、思想素质优

70. 公司"电网先锋党支部"的创建标准是（　　）。

A. 政治思想好、完成任务好、业务技术好、思想素质好

B. 建设一个好班子，造就一支好队伍，健全一套好制度，形成一种好作风，争创一流好业绩

C. 政治素质好、经营业绩好、团结协作好、作风形象好

D. 政治素质好、经营业绩好、团结协作好、作风形象好

71. 我国节能减排的目标是到2020年我国单位国内生产总值二氧化碳排放比2005年下降（　　）。

A. 45%~50%　　　　　　B. 30%~40%

C. 30%~35%　　　　　　D. 40%~45%

72. 2010年上海世博会国家电网馆的主题是（　　）。

A. 能源带动世界　　　　B. 无污染的环境

C. 创新，点亮梦想　　　D. 城市，让生活更美好

73. 国家电网公司反腐倡廉建设"三化三有"特色惩防体系中的"三化"是指（　　）。

A. 责任化、业务化、信息化

B. 企业化、责任化、业务化

C. 企业化、业务化、信息化

D. 企业化、责任化、专业化

74. 国家电网公司党建"创先争优"活动"五个好、五带头"中的"五带头"是指（　　）。

A. 带头学习提高，带头争创佳绩，带头服务群众，带头遵纪守法，带头弘扬正气

B. 带头提高认识、带头履行职责、带头服务群众、带头遵纪守法、带头弘扬正气

C. 带头学习提高、带头争创佳绩、带头开拓创新、带头遵纪守法、带头弘扬正气

D. 带头学习提高、带头争创佳绩、带头服务群众、带头遵纪守法、带头勤俭节约

75. 公司提出的"两种意识""两种精神"分别是（　　）。

A. 诚信意识和责任意识，创新精神和奉献精神

B. 大局意识和服务意识，创新精神和复命精神

C. 大局意识和忧患意识，拼搏精神和奉行精神

D. 责任意识和超前意识，复命精神和实干精神

76. 吕总在省公司二季度工作会议上指出，两种意识、两种精神之间有机统一、紧密联系、相辅相成，（　　）是对一个人的基本要求，（　　）是一个人的品德，（　　）是一种工作方法，（　　）是人与人之间的相互尊重。

　　A. 复命　实干　超前　责任

　　B. 实干　责任　超前　复命

　　C. 责任　实干　超前　复命

　　D. 实干　责任　超前　复命

77. 吕总在省公司二季度工作会议上指出，解决公司当前突出问题和加强执行力建设的基本方法是（　　）。

　　A. 六个抓手　　B. 依法治企　　C. 3个建设　　D. 强化激励约束

78. 国家电网公司和省公司在二季度工作会议的核心是（　　）。

　　A. 加强执行力建设　　　　　B. 加强三个建设

　　C. 依法治企　　　　　　　　D. 实施三集五大

79. 省公司提出加强员工入口要坚持的原则是（　　）。

　　A. 控总量、提素质、调结构

　　B. 控总量、保质量、重激励、保稳定

　　C. 控总量、保质量、调结构、保和谐

　　D. 控总量、保质量、调结构、保稳定

80. 吕总在省公司二季度工作会议上要求继续做好"三电"工作，"三电"指（　　）。

　　A. 增加售电、争取电价、回收电费

　　B. 增加售电、加强自用电管理、回收电费

　　C. 增加售电、争取电价、加强自用电管理

　　D. 加强自用电管理、争取电价、回收电费

81. 吕总在省公司二季度工作会议上要求继续做好"三资"工作，"三资"指（　　）。

　　A. 资金归集、资金融通、资产处置

　　B. 资金归集、资金处置、资本金筹措

　　C. 资金处置、资金融通、资本金筹措

　　D. 资金归集、资金融通、资本金筹措

82. 吕总在省公司二季度工作会议上指出公司当前队伍结构方面存在的主要问题是（　　）。

　　A. 员工观念和能力还不能完全适应电网发展和公司发展的新要求

　　B. 总量超员和结构性缺员并存的矛盾短时间消化困难

　　C. 工资列支渠道和项目不规范、多头提取或重复计提工资性收入等现象

　　D. 人力资源管理标准化、信息化水平程度还有待提高

83. 吕总在省公司二季度工作会议上就深入推进"依法治企年"活动要求要加强工程领域突出问题治理，严格落实（　　）的要求。

　　A. "全口径""全覆盖"

　　B. "日预控、周点评、月协调"

　　C. "抓基础""控风险"

　　D. 抓制度、夯基础

84. 下面哪些不属于公司企业文化"四大工程"？（　　）

　　A. 精品工程　　B. 落地工程　　C. 评价工程　　D. 素质提升工程

85. 下面哪项活动不属于今年公司重点组织的活动？（　　）

　　A. 依法治企业年活动

　　B. 安全生产精细化管理年活动

　　C. "塑文化、强队伍、铸品质"供电服务提升工程

　　D. "抓基础、控风险、防事故"基建安全主题活动

86. 党的十七大对以改革创新精神推进党的建设新的伟大工程作出了全面部署，明确提出在全党开展的两项活动是（　　）。

　　A. 深入学习实践科学发展观活动和创先争优活动

　　B. 先进性教育活动和深入学习实践科学发展观活动

　　C. 创先争优活动和"四强四优"活动

　　D. 先进性教育活动和创先争优活动

87. 开展创先争优活动的主要目标是（　　）。

　　A. 提高党员素质，加强基层组织，服务人民群众，促进各项工作

　　B. 提高思想认识；解决突出问题，创新体制机制，促进科学发展

　　C. 推动科学发展，促进社会和谐，服务人民群众，加强基层组织

二、多项选择题

88. 省公司提出的"六个抓手"包括（　　）。

　　A. 以规划为抓手　　　　　　B. 以科技创新为抓手

C. 以标准化为抓手 　　　　　E. 以信息化为抓手
F. 以依法治企为抓手 　　　　G. 以教育培训为抓手

89. 在新形势下，国家电网公司面临的严峻挑战主要表现在（　　）。

A. 加快特高压电网发展面临紧迫艰巨的任务

B. 新能源迅猛发展

C. 用电需求多样化

D. 自主创新能力不足

E. 市场环境变化

90. 国家电网公司提出推进公司和电网发展要处理好的关系有（　　）。

A. 既要完成繁重的电网规划和发展任务，又要协调推进管理体制机制变革

B. 既要全力破解发展中遇到的新课题，又要妥善解决好各种历史遗留问题

C. 既要努力提高公司的整体效益，又要协调推进公司各单位平衡发展

D. 既要致力于提高公司自身的创新能力和可持续发展能力，又要积极营造有利于企业发展的良好外部环境

91. 国家电网公司提出解决制约"两个转变"的突出问题、加强执行力建设，需要采取哪些有力措施？（　　）。

A. 切实提高思想认识 　　　B. 全面整改突出问题
C. 建立健全管理制度 　　　D. 强化执行监督检查
E. 要严格自我约束

92. 国家电网公司2010年第二季度工作会议要求领导干部如何发挥带头作用？（　　）。

A. 牢固树立全局观 　　　　B. 切实增强执行力
C. 严格自我约束 　　　　　D. 强化协调沟通

93. 省公司二季度工作会议提出的公司系统在重点工作落实和执行力建设方面存的问题主要表现在（　　）。

A. 主多分开和职工持股问题 　B. 收入分配管理问题
C. 集体企业管理问题 　　　　D. 电网建设外部环境问题
E. 业扩报装"三指定"问题

94. 在国家电网公司提出公司科技发展战略中"一流四大"中的"四大"是指（　　）。

A. 实施大科研　B. 创造大成果　C. 培育大产业　D. 实现大发展

E. 建设大队伍

95. 国家电网公司在内质外形建设中提出哪些方面素质？（   ）。

   A. 安全素质   B. 质量素质   C. 效益素质   D. 业务素质

   E. 科技素质   F. 队伍素质

96. 国家电网公司在内质外形建设中提出提高哪些方面素质？（   ）。

   A. 安全素质   B. 质量素质   C. 效益素质   D. 业务素质

   E. 科技素质   F. 队伍素质

97. 国家电网公司在内质外形建设中提出外塑哪些方面形象？（   ）。

   A. 认真负责的办企形象   B. 真诚规范的服务形象

   C. 严格高效的管理形象   D. 公平诚信的市场形象

   E. 团结进取的团队形象

98. 国家电网公司的战略重点包括（   ）。

   A. 电网发展战略   B. 经营管理战略

   C. 信息化战略   D. 农电发展战略

   E. 科技发展战略   F. 安全生产战略

99. 业扩报装"三指定"是为客户指定（   ）。

   A. 设计单位   B. 施工单位   C. 供货单位   D. 维修单位

100. 公司品牌建设的三个阶段是（   ）。

   A. 品牌塑造   B. 品牌引领   C. 品牌传播   D. 品牌提升

101. 省公司廉政建设方面今年开展的三项主题活动是（   ）。

   A. "学制度、促廉洁、保发展"专项教育活动

   B. 领导干部讲党课系列教育

   C. "人民群众满意基层站所"创建活动

   D. 廉洁文化建设活动

参考文献

[1] 史蒂文·坦恩·哈韦. 关键管理模型[M]. 北京：中国市场出版社，2008：192-196.

[2] 李琪. 欧洲管理学者看中西企业文化的差异[J]. 改革，1999，12（2）：86-88.

[3][美]约翰·科特. 企业文化与经济业绩[M]. 北京：华夏出版社，1997：30-38.

[4] 胡晓清. 中国建设现代企业制度的社会文化困扰[J]. 管理世界，1998，14（3）：108-115.

[5] 和金生. 企业战略管理[M]. 天津：天津大学出版社，2006：77-82.

[6] 陆嘉玉，姚秉彦. 企业文化在中国[M]. 北京：光明日报出版社，1998：344.

[7] Carter McNamara, Organizational Culture, Minneapolis, Minnesota: Authenticity Consulting, LLC, 2000.

[8] 刘光明. 企业文化史[M]. 北京：经济管理出版社，2012：20-24.

[9] 马洪斌. 基于企业生命周期理论的企业文化建设研究[D]. 哈尔滨：哈尔滨工业大学，2007.

[10] 王成荣. 企业文化新思维[M]. 北京：中国经济出版社，2010：150-158.

[11] 皮利. 基于学习型组织理论的企业文化建设研究[D]. 武汉：华中农业大学，2008.

[12] Schein E. H. Organizational Culture and Leadership[M]. San Francisco: Jossey-Bass Publishers, 1992.

[13] 张培峰. 从组织文化看员工敬业度[J]. 中外企业文化，2009，11（3）：25-28.

［14］杨蒿松．企业文化作用机制研究［D］．昆明：昆明理工大学，2007．

［15］张智．"徽商精神"在JAC集团企业文化建设中的运用研究［M］．合肥：合肥工业大学，2010．

［16］徐震宇．如何进行企业文化建设［M］．北京：北京大学出版社，2011：220-226．

［17］王学红．商业企业文化提高企业竞争力的研究［M］．青岛：中国海洋大学，2008．

［18］陈毅．国有人才招聘现状及解决对策分析［J］．科技创新与应用，2012，2（2）：205-206．

［19］沈春雷．企业信息化中的企业文化建设分析研究［D］．合肥：安徽农业大学，2007．

［20］黄静．以人为本地企业文化［M］．武汉：武汉大学出版社，2003：102-110．

［21］殷世河．不同所有制下的企业文化研究［D］．济南：山东科技大学，2009．

［22］柴舸．东航企业文化分析与研究［D］．天津：河北工业大学，2008．

［23］杨鼎家．打造和谐企业文化提升员工职业素养［M］．北京：中国言实出版社，2011：180-186．

［24］韩加国，申望．让企业文化起来：企业文化实务与成功案例［M］．北京：民主与建设出版社，2010：98-104．

［25］李冰容．论企业家与企业文化建设［D］．哈尔滨：哈尔滨工程大学，2006．

［26］张云初，王清．企业文化实践［M］．深圳：海天出版社，2005：177-183．

［27］时春阳．主流媒体舆论导向对企业文化发展的影响［D］．武汉：武汉理工大学，2010．

［28］罗长海．企业文化要义［M］．北京：清华大学出版社，2003：50-60．

［29］苏越．探讨电力企业文化建设［J］．现代经济信息，2009，23（9）：90-92．

［30］［美］斯蒂芬·P·罗宾斯，玛丽·库尔特．管理学［M］．北京：中国人民大学出版社，2004：63-68．

［31］韩佳泉，刘欣凯，隋玉林．国内企业文化研究综述［J］黑龙江电力，2012，27（6）：441-444．

[32] 崔顺贤. 企业文化与企业战略的实现 [J]. 科技情报开发与经济, 2005, 15 (11): 210-211.

[33] 何海琳. 福建民营企业文化建设的哲学思考 [D]. 福州: 福建师范大学, 2006.

[34] Brinkman, R.L. The Dynamics of Corporate Culture, Conception and Theory [J]. International Journal of Social Economics, 1999, 18 (13): 20-23.

[35] 刘佐卿. 企业文化理论与实践 [M]. 哈尔滨: 黑龙江人民出版社, 1993: 112-119.

[36] Eric Flam Holtz, Enterprise Corporate Culture and the Bottom Line [M]. Los Angeles: University of California, 2001.

[37] 魏杰. 中国企业文化创新 [M]. 北京: 中国发展出版社, 2012: 87-99.

[38] 陈耕. 企业文化 [M]. 北京: 石油工业出版社, 2012: 40-45.

[39] 周秀红. 中国国有企业文化创新探索 [M]. 北京: 北京师范大学出版社, 2011: 30-36.

[40] Ekkehart Schlicht. Social Evolution, Corporate Culture, and Exploitation, Munich, University of Munich and IZA Bonn, 2002.